OS SEGREDOS DA
GESTÃO ÁGIL
POR TRÁS DAS EMPRESAS VALIOSAS

CARO LEITOR,

Queremos saber sua opinião sobre nossos livros.
Após a leitura, curta-nos no facebook/editoragentebr,
siga-nos no Twitter @EditoraGente e no
Instagram @editoragente e visite-nos no site
www.editoragente.com.br. Cadastre-se e contribua
com sugestões, críticas ou elogios.
Boa leitura!

JOÃO KEPLER E THIAGO OLIVEIRA

OS SEGREDOS DA GESTÃO ÁGIL
POR TRÁS DAS EMPRESAS VALIOSAS

Diretora
Rosely Boschini

Gerente Editorial
Rosângela Barbosa

Assistente Editorial
Audrya de Oliveira

Controle de Produção
Fábio Esteves

**Projeto Gráfico
e Diagramação**
Anderson Junqueira

Capa
Vanessa Lima

Revisão
Laura Folgueira
e Malvina Tomaz

Impressão
Gráfica Santa Marta

Copyright © 2019 by João Kepler
e Thiago Oliveira
Todos os direitos desta edição
são reservados à Editora Gente.
Rua Wisard, 305, sala 53,
São Paulo, SP – CEP 05434-080
Telefone: (11) 3670-2500
Site: www.editoragente.com.br
E-mail: gente@editoragente.com.br

Dados Internacionais de Catalogação na Publicação (CIP)
Angélica Ilacqua CRB-8/7057

Kepler, João
    Os segredos da gestão ágil por trás das empresas valiosas / João
Kepler, Thiago Oliveira. – São Paulo – Editora Gente, 2019.
    192 p.

Bibliografia
ISBN 978-85-452-0314-8

1. Administração de empresas 2. Sucesso nos negócios 3.
Administração de pessoal 4. Gestão do conhecimento 5.
Empreendedorismo I. Título II. Oliveira, Thiago

19-0941   CDD 658

Índice para catálogo sistemático:
1. Administração de empresas

Dedicamos este livro aos gestores e líderes de empresas tradicionais que buscam manter, sustentar, equilibrar, competir e vencer no mercado com suas organizações. A àqueles que desejam se reinventar, reaprender e inovar, e entendem que sua empresa precisa ser mais ágil para conseguir sobreviver e competir neste novo mercado e na nova economia.

Dedicamos também aos empreendedores e startups com suas organizações exponenciais, que precisam se preocupar com a Gestão do Negócio para escapar do vale da morte, escalar, captar investimentos e rampar. Ou seja, precisam de um modelo simples, ágil e totalmente diverso do funcionamento organizacional tradicional.

A esses gestores e líderes que precisam encarar o desafio das atuais transformações, apresentamos uma nova forma de gestão, mais aderente a esse novo cenário de incertezas e complexidade.

Pensamos neste livro como muito mais do que apenas métodos, modelos e abordagens para promover uma mudança estrutural nos negócios, pensamos na transformação cultural e na mentalidade das pessoas para que elas consigam alcançar seus resultados.

Portanto, sai o modelo de gestão tradicional, focado no comando e controle, entra o modelo em que produtos e serviços são mais importantes que documentos detalhados; em que os resultados são mais importantes que os modelos operacionais e em que as pessoas e a interação da equipe são mais importantes que os processos.

— **JOÃO KEPLER E THIAGO OLIVEIRA**

SUMÁRIO

Prefácio (Jorge Paulo Lemann) **10**
Apresentação
O que as startups inovadoras ainda têm a aprender? **12**

Introdução – Uma boa administração precisa de gestão! 16

1

A gestão de pessoas – seu maior ativo **22**
Fazendo uma boa Gestão de Pessoas **24**
A implementação do RH **29**
O design organizacional **32**
Boas ferramentas para a Gestão de Pessoas **33**
O que pode atrapalhar **34**

2

Tratando a informação – A gestão do conhecimento **36**
Pontos fundamentais da Gestão do Conhecimento **39**
A aplicação da GC **40**
Ferramentas de TI que podem auxiliar **42**

3

Quando ter um Plano de Negócios? **46**
Os passos para um Plano de Negócios **49**
Mantendo o Plano de Negócios atual **52**
O Modelo Canvas **53**

4

A inovação e o Design Thinking **56**
As etapas do DT **58**
Alguns *cases* de sucesso **60**
Como aplicar o Design Thinking **62**

5

Metodologias ágeis: Lean startup e Agile 64

Os três pilares 66

Princípios da metodologia Lean 69

Metodologia Agile 73

O Scrum 75

Escolhendo a melhor metodologia 78

6

Trabalhando com squads 80

Tribes, chapters e guilds 83

Desafios, vantagens e desvantagens 86

Times x squads 89

O uso da gamificação 90

A importância do ambiente 92

7

Cuidado com seu dinheiro – A Gestão Financeira 94

Os erros mais comuns 102

Fazendo a contabilidade 103

Algumas ferramentas para a

Gestão Financeira 106

8

A importância do controle, da controladoria e do compliance 110

A controladoria 114

O controller 117

Compliance 118

Outros instrumentos que podem ajudar 123

9 Product Market Fit 128

As métricas do PMF – KPIs – Escolhendo seus
Indicadores-Chave de Desempenho 132
Como escolher seus KPIs 134
Alguns indicadores úteis 138
Acompanhando os KPIs 141

10 O turnaround – Como sair da crise 144

Os fatores que levam ao turnaround 147
O papel do Gestor de Turnaround 149
Os estágios para virada de jogo 150
Estratégias para o turnaround 152
Fatores-chave para um turnaround
de sucesso 156
Turnaround x Downsizing 157

11 A hora de sair e a hora de expandir o negócio 160

Como fazer o valuation? 163
Aspectos para uma boa venda 167
Quando expandir 168
As possibilidades de crescimento 170
A necessidade de um Plano de
Expansão 171

12 Ferramentas para ajudar na gestão 174

Conclusão
O diferencial para o sucesso 190

PREFÁCIO
JORGE PAULO LEMANN

Torço para o Brasil ter, dentro de dez anos, pelo menos três (entre dez) de suas empresas mais valiosas em termos de mercado de capitais oriundas do setor tecnológico. Para isso acontecer, teremos de ter muito empreendedorismo e gestão apropriada nas startups. Este livro de Thiago Oliveira e João Kepler, escrito com base em suas próprias experiências sobre gestão em empresas tradicionais e startups, é muito oportuno e leitura obrigatória para quem está empreendendo ou querendo transformar seus negócios.

Estamos vivendo uma nova economia, as empresas tradicionais precisam implantar métodos mais ágeis para sobreviverem e competirem neste novo mercado.

A gestão do negócio, assim como a de pessoas, deve ser foco de muita atenção para todo empresário. Tratar com gente é algo em que o gestor precisa estar envolvido. Cuidar das pessoas de uma empresa e do conhecimento, parte significativa de seu capital intelectual, é tão necessário quanto vender. Sem isso, nenhum empreendimento se sustenta. **Formar gente boa é o melhor negócio que se faz**.

Por isso, livros como este podem despertar novas ideias e ajudar empresas a usarem diferentes ferramentas, métodos e modelos baseados em dados, tecnologia e gente; **é uma fórmula completa para empresas que desejam obter sucesso**.

Aproveite esta leitura e ponha em prática em seu negócio toda a experiência embarcada deste livro.

APRESENTAÇÃO

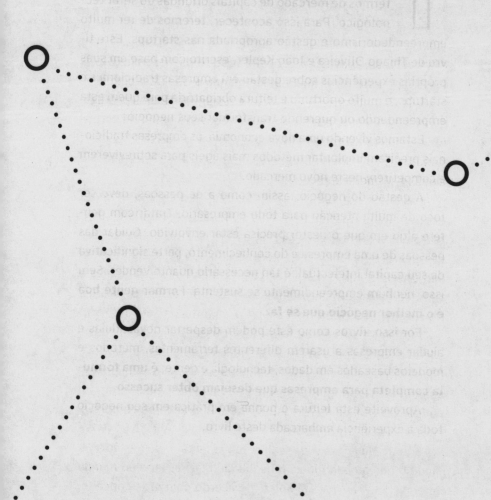

O que as startups inovadoras ainda têm a aprender?

Não é novidade dizer que as startups mexeram com as estruturas do mercado, dando o que falar com suas dinâmicas de operação e flexibilização dos padrões. Só que, apesar de terem renovado o mundo corporativo, elas ainda têm muito a aprender. E precisam aprender, primeiro, a sobreviver. Sim, porque uma em cada quatro morre ainda no primeiro ano de vida.

Então, se por um lado elas apresentam um crescimento exponencial, valuations incríveis e uma alta rentabilidade, por outro ainda se veem diante dessa gigante taxa de mortalidade que bate os 75%. "O que leva a isso?", você deve estar se perguntando. Em um ambiente cheio de incertezas quanto a clientes e investimentos, poderíamos citar diversos fatores. No entanto, um primordial é a falta e a falha na gestão.

Ainda que formadas por pessoas de perfil empreendedor e cheias de ideias para a criação de modelos escaláveis — ou seja, aqueles que podem ser reproduzidos repetidamente, em grande quantidade e com grande ganho —, as startups ainda esbarram em um desconhecimento sobre a administração de empresas. Falta visão sobre como gerir.

E, mais que isso, sobre como implementar uma gestão ágil, modelo que a cada dia vem ganhando mais espaço no mundo empresarial. Por quê? Simples: de acordo com esse conceito, produtos e serviços funcionais são mais importantes que documentos detalhados com preciosismo; contratos jamais devem engessar a colaboração com o cliente; e, por mais que os processos sejam importantes, a interação da equipe é que faz os projetos andarem.

Podemos dizer que é a metodologia na qual processos e pessoas caminham em um compasso veloz, mas estruturado, para que os resultados cheguem a passos largos. E é sobre isso que o livro que você está lendo agora pretende falar. Vamos, aqui, abordar esse modelo e seus muitos desdobramentos, incentivando uma gestão ágil e moderna que possa ajudar empresas a conduzir melhor sua jornada e a aumentar suas chances de sucesso.

Conhecimentos já popularizados nessas empresas, como o Design Thinking, as metodologias Agile e Lean, os squads, a gamificação e o Método Canvas, serão esmiuçados nas páginas a seguir. Como cuidar do gerenciamento administrativo, de pessoal e financeiro, como precificar sua mercadoria, como entender o que o mercado quer de você e como liderar e motivar suas equipes são apenas alguns dos assuntos a serem tratados.

Nos próximos capítulos, esperamos familiarizá-lo com conceitos como Produto Viável Mínimo, ou MVP, Diário de Bordo, compliance, padronização de procedimentos, pivotagem e controle interno, entre muitos outros. Além disso, queremos mostrar como você pode dar a volta por cima quando a crise chega e qual o momento certo para expandir ou deixar o negócio.

Se você ainda tem dúvida do poder desses ensinamentos, basta lembrar de nomes como Netflix, Google, PayPal e Spotify, hoje gigantes em suas áreas. Ao implementar algumas dessas concepções que você lê agora, elas conseguiram transformar setores inteiros que há décadas não passavam por mudanças. A forma de assistir televisão, as transições de pagamento e a indústria fonográfica, por exemplo, nunca mais foram as mesmas depois dessas companhias e da gestão ágil adotada por elas.

Inovação, propósito e velocidade estão no DNA e no cotidiano dessas grandes corporações, que lá atrás começaram pequenas. Porém, tudo isso pode estar também em seu negócio, ajudando-lhe a crescer e prosperar. Aqui, vamos abordar mecanismos que farão a diferença, garantindo mais agilidade e, objetividade e, principalmente, resultados, uma vez que, como em toda organização, eles são o objetivo também de qualquer startup.

Este livro se destina, portanto, a empreendedores e empresários abertos a se aprofundar nessas novas formas de gestão, que buscam aprendizado, que estão dispostos a botar a mão na massa para transformar seus empreendimentos a partir de um novo olhar para as pessoas e os processos dentro deles. Ele é voltado para aqueles abertos a fazer algo novo, mas ainda a fazer o antigo de outra forma, com novos olhares sobre os mesmos problemas.

É sobre isso que vamos tratar nesta jornada. Boa leitura!

INTRODUÇÃO

UMA BOA ADMINISTRAÇÃO PRECISA DE GESTÃO!

Pode parecer óbvio, mas o que ainda leva muitas empresas à falência é a gestão. Ou melhor dizendo, a falta dela. Podemos definir que a gestão está para o empreendedor como o esgoto está para o político. Calma! Não se assuste. É que o político normalmente não gosta de investir no esgotamento sanitário porque ninguém vê os efeitos que ficam debaixo da terra. Pontes e viadutos ganham mais votos, mas um esgoto malfeito pode trazer um monte de problemas.

O mesmo pode ser dito sobre os alicerces de uma casa e, claro, sobre a gestão dentro de um empreendimento. Sem ela, tudo desmorona e, por mais que essa parte do negócio não traga o glamour das grandes obras, se você não investir nela, não conseguirá sobreviver nem quem dirá, crescer, escalonar. Contudo, o que de fato impede a implementação de uma gestão bem-feita dentro da administração de uma empresa?

Podemos começar citando provavelmente os dois principais. O primeiro é a falta de disciplina dos líderes à frente dela e também dos próprios empreendedores, que acabam não colocando isso como prioridade. Sabe por quê? Simples, ser disciplinado é chato, cansativo e tem um retorno lento. Aí entra mais um questionamento: é mais fácil fazer o que se gosta ou o que é necessário? Não é preciso pensar muito para achar a resposta. Acontece que boa parte do que fazemos de gestão costuma ser solicitado por nossos líderes e chefes. Entretanto, o empreendedor, principalmente no começo, não tem chefe. E, para implantar a gestão sem precisar de um, é fundamental que ele tenha essa tão escassa autodisciplina.

Perceba que disciplina e hábito andam juntos, e isso tem de fazer parte da mentalidade empreendedora. Um hábito estrutura-

-se em estímulo (ou gatilho); é a ação e recompensa. Um negócio, no início de seu desenvolvimento, fornecerá vários estímulos para que o empreendedor deixe a rotina de lado e foque nas vendas (recompensa financeira), na contratação de pessoas (o que o levará a ter menos tarefas), no ato de pegar atalhos (o que torna tudo mais fácil) ou no marketing (com o sentimento de "estou certo").

A recompensa da gestão, entretanto, precisa de tempo e muita determinação. Ela virá depois de um ou dois meses seguindo à risca uma rotina pesada, na qual você será taxado de chato e exigente, entre outros adjetivos nada estimulantes. Independentemente disso, não se deixe levar pelo caminho mais fácil – faça o que for necessário. Um empreendimento com excelência em gestão pode não ser aquele que cresce mais rápido no começo, mas será aquele que crescerá mais e melhor no médio prazo.

Além da disciplina e do hábito, a tecnologia pode ser outro fator que atrapalha a implementação da gestão em uma companhia. "Como assim?", você deve estar se perguntando. É que muitos empresários acreditam que ela é uma condição fundamental para que a gestão funcione. Saiba que não é bem assim. Na verdade, a tecnologia é um apoio ou, no máximo, uma ferramenta que fará com que seus processos andem com mais velocidade e de maneira menos complicada. Às vezes, cartolina, caneta, post-its e um Excel são os elementos necessários para gerir.

Não busque empecilhos ou crie dificuldades desnecessárias, além das que terá naturalmente de enfrentar no dia a dia! É ingenuidade pensar que só vai conseguir fazer isso depois da aquisição de um software de Gestão Empresarial, ou ERP. Outros ainda vão além e acreditam ser necessário que seu ERP esteja integrado a um CRM (um instrumento de Gestão de Relacionamento com o Cliente), que, por sua vez, tem um Business Intelligence para criar os indicadores. É um caminho perigoso e sem volta, porque se começar a pensar assim, estes devem se integrar ainda com um TMS, WMS e mais uma série de siglas que formam uma sopa de letrinhas. Não contentes, acham ainda que precisam de coletores de dados, RFID e até um tal de web server.

Lamentamos dizer, mas não é verdade. Todos esses softwares e sistemas só dão certo quando já temos um processo de gestão e os implantamos para que esse processo ande mais rápido. Não é possível comprar a gestão. Como dizia o grande guru da administração Edwards Deming, gestão não é "pudim instantâneo". Já vimos gestão em post-its, planilhas e até em lousa funcionarem muito bem. Por outro lado, vimos empresas com sistemas próprios e desenvolvedores exclusivos fazerem uma péssima administração. Além disso, também há muitos empreendedores que aprendem o processo com um software especialista que existe no mercado, que possa facilitar o aprendizado e como funciona através do *onboarding* e experiências embarcadas.

A sugestão aqui é uma só: inicie de maneira simples e vá melhorando, automatizando os processos. Mas comece. Tenha em mente que, mesmo que seu negócio tenha um caráter inovador, ele precisa ser bem gerido, e essas questões citadas devem estar conciliadas para que você possa ultrapassar os obstáculos que impedem o desenvolvimento. Se você já sente as dores de um modelo equivocado e ainda não sabe por onde começar, algumas dicas podem ajudar. No decorrer do livro, falaremos sobre esses assuntos de maneira mais aprofundada, mas vale ir se familiarizando com os princípios básicos da gestão.

Com toda certeza em algum momento você já ouviu falar do Peter Drucker, considerado pai da Administração Neoclássica, que formulou os principais termos que dizem respeito à importância do planejamento, da organização, da direção e do controle para a sustentação de companhias lucrativas e prósperas. A organização, por exemplo, vai além da papelada burocrática e do cumprimento das obrigações legais. Antes de tudo, é preciso responder a duas perguntas: quem faz o que e quem manda em quem. Isso significa distribuir as tarefas de maneira balanceada e definir uma cadeia de hierarquia, mesmo que seu negócio utilize métodos menos convencionais, como os squads.

Uma boa gestão precisa estabelecer um organograma e todas as suas políticas, das internas às comerciais, das financeiras às tecnológicas. Nessa tarefa, nada como um bom planejamento, em que todos esses quadros sejam desenhados, implantados e operacionalizados com funcionalidade. O mesmo vale para os processos de trabalho e os fluxos de dados, que necessitam ser validados e convertidos em um conhecimento aplicável ao empreendimento.

Acontece que fica impossível colocar planejamento e organização em prática sem que haja direção. É ela que vai ajudá-lo a desenvolver seu sonho e passar por todas as etapas até transformá-lo em produtos e serviços concretos. Aqui, você precisa se perguntar como anda contratando, como administra o quadro e ainda como paga, mobiliza, avalia e promove quem está em seu time – questionamentos cruciais principalmente após a Lei da Terceirização e a implementação obrigatória do e-Social, o sistema do governo que agrega informações trabalhistas dos colaboradores.

Além do cumprimento de normas e rotinas, a direção eficaz abrange diversos outros aspectos. Entre eles, a criação de um ambiente de trabalho saudável e amigável, capaz de contribuir para a motivação e o engajamento dos profissionais em suas devidas tarefas, e o estabelecimento de um bom sistema de comunicação interna. Sem pensar nesses dois pontos, não há como alcançar uma gestão eficiente.

O mesmo vale para o controle, sobre o qual ainda falaremos melhor em um capítulo mais à frente. Mas, como esse é um dos princípios básicos da administração, já comece a internalizar a partir daqui a necessidade do controle dentro de sua organização. É ele que permite saber se a empresa está indo no rumo certo, medindo e avaliando se objetivos e metas estão sendo atingidos e, mais definindo quais ações precisam ser adotadas para evitar erros futuros ou corrigir aqueles que, infelizmente, já foram cometidos.

Não é uma tarefa fácil, aliás, se fosse, não teríamos tantos casos de insucesso. Para conseguir isso, porém, é necessário que você disponha de indicadores e rituais que vão permitir que essas comparações sejam realizadas e que o auxiliarão a detectar os sintomas e as tendências adotadas em processos financeiros, comerciais e técnicos. Se compreendidos a tempo, esses dados auxiliam no conserto de desvios e na condução para o sucesso, sendo, portanto, imprescindíveis.

Um empreendimento com excelência em gestão pode não ser aquele que cresce mais rápido no começo, mas será aquele que crescerá mais e melhor no médio prazo.

1

A GESTÃO DE PESSOAS – SEU MAIOR ATIVO

24 Fazendo uma boa Gestão de Pessoas

29 A implementação do RH

32 O design organizacional

33 Boas ferramentas para a Gestão de Pessoas

34 O que pode atrapalhar

Como disse Jorge Paulo Lemann no prefácio, "Formar gente boa é o melhor negócio que se faz", começamos este livro focando no que deve ser seu maior ativo, **as pessoas**.

Se ferramentas para gerir os processos em uma empresa são fundamentais, como já mostramos no capítulo 2, tão importante quanto elas é a Gestão de Pessoas. Sem isso funcionando de verdade, fica difícil garantir sucesso, afinal, é o trabalho de quem está ali ao seu lado, junto com o seu, que vai fazer com que o projeto caminhe e cresça. Ninguém é capaz de ganhar um jogo sozinho, para entrar em campo é preciso de um time, treinado e alinhado! É apenas com colaboradores entusiasmados, proativos e comprometidos com os objetivos daquele negócio que ele pode dar certo.

Todo mundo já percebeu que a maneira como nos relacionamos com o emprego vem mudando substancialmente ao longo das últimas décadas, muito por causa do surgimento das startups. Com empresas menos centralizadoras e mais inovadoras, outros aspectos antes deixados de lado passaram a contar mais tanto na atração quanto no engajamento dos colaboradores. Hoje, valorização e investimento na inteligência e na criatividade viraram diferenciais no fator sucesso. O que, claro, as startups já entenderam.

Isso não quer dizer, entretanto, que elas não tenham desafios de Recursos Humanos (RH) a enfrentar — inclusive na hora de encontrar profissionais com habilidades como capacidade de adaptação e desapego de mindset. Para encarar essa situação, elas têm desconstruído os processos morosos aplicados pelas empresas tradicionais. Foi preciso criar uma nova forma de pensar as metodologias de trabalho, com menos burocracia e mais praticidade, o que pode ser aplicado também em empreendimentos de médio e grande portes.

Um dos segredos do sucesso das startups nessa área é justamente o envolvimento do líder em todo esse processo de Gestão de Pessoas, acompanhando indicadores e identificando falhas e oportunidades. É ele, muito mais que qualquer RH, o responsável por manter um time coeso e bem treinado, sempre lembrando a cultura organizacional que quer que prevaleça. Produtividade e saúde e satisfação da equipe devem ser foco constante de atenção.

E, ao contrário do que muita gente pensa, não basta contratar colaboradores de qualidade para conseguir bons resultados. A verdade é que eles precisam estar motivados e engajados a dar sempre o melhor de si. É como uma receita de bolo: de nada adianta ter os melhores ingredientes se você não souber o modo de preparo. Com certeza vai dar errado. Então não adianta ter profissionais qualificados, se eles não tiverem estímulos e direcionamentos corretos.

FAZENDO UMA BOA GESTÃO DE PESSOAS

Reforçar a Gestão de Pessoas traz resultados mais expressivos e um maior retorno financeiro, afinal, colaborador satisfeito produz mais e melhor. Por isso mesmo, ter um profissional de Recursos Humanos (RH) especializado para ajudar em assuntos críticos é fundamental, inclusive porque, embora o empreendedor precise estar envolvido, algumas questões passam a ter um peso maior conforme o crescimento chega, a exemplo de contratação e treinamentos.

É imprescindível que você defina, junto com o RH, qual a sua **cultura organizacional**. Ela é o DNA de um negócio, englobando valores, crenças e visão, aspectos que acabam por influenciar o modo como os colaboradores trabalham. Para que a equipe permaneça alinhada, essas informações devem estar bem claras. Na hora da contratação, assegure-se de que os novatos tenham um perfil que se encaixe com o da organização, evitando desequilíbrios no ambiente de trabalho.

A cultura de uma empresa é o jeito que ela utiliza para fazer as coisas acontecerem.

Não é possível que aconteça qualquer transformação, de qualquer natureza, em qualquer organização, que não envolva uma profunda transformação cultural em sua essência.

Elabore um *onboarding*, ou seja, um processo guiado pelo setor de RH para receber e ambientar novos colaboradores. Certifique-se de que sua empresa conta com algo assim e de que isso seja feito de modo eficiente. O acolhimento ajuda na adaptação, além de fazer com que o colaborador entenda mais rapidamente as regras e as rotinas. Montar equipes ecléticas, com profissionais multifacetados, é mais um fator de uma boa Gestão de Pessoas.

Nas startups, eles costumam ser muito valorizados, uma vez que são capazes de atuar em diferentes funções ou auxiliar colegas de outras áreas. Em muitas delas, é comum a contratação de colaboradores com conhecimentos complementares aos dos fundadores, já que a meta é que todos trabalhem juntos a fim de alcançar um objetivo comum. Quanto mais gente disposta a sair do básico e a se dedicar de verdade você tiver ao redor, melhor para os resultados.

Pense também em políticas para reter talentos. Elas podem ser as mais variadas possíveis, mas uma das que sempre foi utilizada a resultados individuais e crescimento da organização. O mais importante, porém, é não liberar todo o bônus de uma vez, retendo uma parte para que seja paga a cada dois anos, com capital corrigido, o que cria uma barreira para possíveis concorrentes, por exemplo.

Para dividir essas bonificações com justiça, é necessário que você avalie o trabalho da equipe, inclusive porque um desempenho ruim pode indicar uma insatisfação. Dê lugar também à meritocracia, ela é fundamental porque é a única capaz de estimular de forma espontânea e fazer com que naturalmente se pense a longo prazo. Esse tema ainda é espinhoso e muita gente não gosta dele, pois é comum associá-lo a uma cultura de pressão por resultados, um clima hostil e tenso. Contudo, trazemos boas notícias: é totalmente possível manter uma empresa humanizada com meritocracia, uma ótima alternativa de motivação. Com ela, o colaborador cresce conforme atinge as metas e se comporta dentro ou acima do esperado.

Além dessas recompensas, lembre-se ainda das políticas de remuneração e de outros benefícios que podem estimular o time. Desse ponto de vista, fornecer possibilidades de desenvolvimento pessoal é uma saída para manter todos motivados, assim como o reconhecimento do esforço não só em momentos de conquista, mas ainda quando um processo ou etapa dá errado. No final, isso faz a diferença na autoestima.

No que diz respeito ao seu papel pessoal na Gestão de Pessoas, comece sendo participativo. Assuma a postura do gestor que estimula a participação e a potência criativa. Esse tipo de líder prioriza a cooperação, valoriza diferentes ideias e personalidades e agrega, apoia e incentiva. Trabalhe para garantir uma boa atmosfera, visto que em um ambiente estressante a probabilidade de conflitos é maior. Investir no bem-estar e na qualidade de vida é sempre uma boa pedida.

Também é fundamental que você dê espaço para que todos trabalhem, coloquem a mão na massa, criem. Empreendedores bem-sucedidos sabem delegar tarefas e não abraçam tudo para si. É claro que para isso é necessário ter confiança e conhecer bem seus profissionais e as habilidades de cada um presente ali, fazendo uma divisão funcional. Tempo otimizado quer dizer foco no crescimento da companhia e na geração de resultados.

Depois de tudo isso funcionando, uma boa maneira de saber se está dando o resultado esperado é conversar com quem trabalha para — e com — você. Faça reuniões rápidas e não cansativas para ouvir sua equipe, deixe eles falarem, pois é nelas que um gestor descobre o que está dando certo e o que precisa ser

Produtividade, saúde e satisfação da equipe devem ser foco constante de atenção.

modificado. Os encontros auxiliam ainda no alinhamento das expectativas e no traçado de novos planos. Como afirma o ditado, o combinado não sai caro e alinhar tanto essas expectativas quanto os prazos de execução é imprescindível.

Outra boa dica é criar a cultura do feedback. Criar o "dia do feedback" pode ser uma atitude bem interessante. Trabalhadores de todos os níveis precisam sentir-se relevantes e estar confortáveis para dar opiniões. Assim, seja transparente na comunicação. Tão importante como entender o que lhe dizem é também se preocupar com o que você diz e com a maneira como os outros entendem suas palavras. Esconder ou não esclarecer algum ponto de dúvida é um erro comum, mas procure evitá--lo. Em caso de demissão, faça isso sem surpresas e explique os motivos.

Os colaboradores vão copiar o que você fizer, então é importante ser o exemplo – e isso em todos os aspectos. Se você chegar tarde com frequência, por exemplo, terá menos moral para cobrá-los. Esteja preparado ainda para ser flexível e reverter decisões imediatamente quando não se sentir confortável com elas ou quando se descobrir errado.

Muitos pontos para além desses, como a importância de capacitações constantes para seu time, ainda são fundamentais e, por isso, implementar uma boa Gestão de Pessoas não é nada fácil. Como vimos aqui, ela passa não apenas por salários, mas pela construção de uma cultura organizacional forte e inclusiva e por uma comunicação interna que funcione. É preciso ser criativo com relação a conceitos obsoletos que por vezes se tornam empecilhos para novas metodologias.

Medo de processos movidos por colaboradores ou de embates com sindicatos acabam fazendo com que empresas tradicionais, menos adeptas a riscos, apostem em mais do mesmo. Contudo, ainda que seja necessário estar atento a essas questões e seguir o que manda a Consolidação das Leis do Trabalho (CLT), também dá para atender à demanda do empreendimento por meio de novas práticas como as que abordamos agora.

A IMPLEMENTAÇÃO DO RH

O que falamos até aqui é válido para empresas que já possuem seu setor de Recursos Humanos estruturado. Outras, porém, mesmo de médio porte, ainda estão passando pelo processo de implementar o seu. Se você está entre esses últimos, saiba que o RH tem um papel estratégico ao facilitar e orquestrar o redesenho de cargos e capacitar a força de trabalho. No entanto, ao implantá-lo, você deve considerar alguns aspectos.

Mais que identificar a missão, a visão e os valores da companhia, é preciso ter um propósito. Um **propósito** real, verdadeiro e palpável dá um motivo tangível para que decisões sejam tomadas e, tarefas, executadas. Enquanto a missão descreve o negócio, a visão indica onde a empresa estará em alguns anos e os valores descrevem a cultura, o propósito inspira e dá orientação prática.

Perceba a importância dessas definições e sua aplicação no dia a dia do negócio. Colocá-las num quadro para ser pendurado onde ninguém vê ou colocar na home do site não significa que a tarefa esteja cumprida, muito pelo contrário. Saber aonde o empreendimento quer chegar e quais os valores corporativos a serem seguidos é importante na hora de contratar; afinal, é isso que define a cultura organizacional. Eles serão a base para subsistemas como recrutamento e seleção, endomarketing e desenvolvimento.

Também é preciso estudar o quadro de pessoal e fazer um esboço da administração de cargos e salários. Verifique se a companhia já tem a descrição das funções e se está correta a quantidade de colaboradores para cada unidade de negócio. Com o RH implementado, é hora de estabelecer ou rever, se for o caso, os critérios de admissão, promoção, demissão e movimentação de pessoal.

Falando em remuneração e salários, jamais implante uma política de cobrir valores e propostas de outras empresas para manter seus colaboradores, deixe eles irem. E claro que é preciso estar aberto a solicitações de aumento, mas por argumentos de especificações no trabalho e nas demandas, jamais por competição de salários. Você pode ficar refém dessa política.

Segurança do trabalho é outro aspecto a ser pensado. Você já segue as determinações com relação ao tema? Diversos assuntos técnicos devem ter a atenção do setor de Recursos Humanos, assim como a avaliação quanto à necessidade de treinamentos, sejam eles técnicos ou comportamentais. Elencar o que é prioridade e saber as verbas disponíveis para isso é fundamental.

Ao criar seu RH, analise os indicadores que serão exigidos para uma atuação estratégica dentro dessa esfera. Como andam o turnover (a rotatividade de pessoal) e o absenteísmo (ausências no trabalho)? Quais os custos da folha? O conselho administrativo ou os diretores precisam ter indicadores aceitáveis definidos junto ao profissional que vai cuidar da área, para que ele saiba quais parâmetros serão seguidos.

Requisitos e perfil de colaboradores que você gostaria de contratar na empresa devem ser estruturados com base em competências e habilidades, e não somente em formação. É muito mais importante contratar uma pessoa impactada com sua empresa que saiba exatamente o que ela pode fazer pelo seu negócio do que uma que sabe o que a sua empresa pode fazer por ela. Faça as seguintes perguntas básicas: Por que quer trabalhar aqui? O que fazemos? Qual é o nosso propósito? Selecione as pessoas pelas respostas que mais se enquadrem no propósito e na cultura da empresa.

Um bom caso de sucesso na Gestão de Pessoas é o do Magazine Luiza, eleito por mais de uma década e meia como um dos melhores lugares para se trabalhar no Brasil. O feito foi alcançado com uma bem-sucedida estratégia de valorização do ser humano dentro da empresa, que conta com cerca de 26 mil colaboradores espalhados em mais de oitocentas lojas em dezesseis estados.

Com uma série de ações que visam proporcionar às equipes qualidade de vida, capacitação técnica e evolução pessoal, a rede varejista foi pioneira na implantação de programas de benefícios, meritocracia e desenvolvimento profissional, com o reconhecimento da "prata da casa". Por meio de plataformas de avaliação educacional e coaching, a organização ainda consegue líderes engajados e focados no resultado.

Elencar o que é prioridade e saber as verbas disponíveis para isso são fundamentais.

Uma das apostas é em ferramentas de *assessment*, que ajudam no estabelecimento de métricas para selecionar e recrutar, avaliar o desempenho, medir o clima organizacional e criar planos de carreira. Elas servem ainda para que o trabalhador conheça melhor seus pontos fortes e, no Magazine Luiza, foram empregadas na criação de projetos de desenvolvimento com suporte de Gestão de Pessoas. Além disso, foi criado um departamento de cultura para a difusão das práticas dos valores para todo novo colaborador.

O DESIGN ORGANIZACIONAL

Outra coisa que pode ajudar, e muito, quando se trata de Gestão de Pessoas é o design organizacional, ou seja, o processo de desenhar, definir ou adaptar a estrutura de um empreendimento. Essa metodologia consiste em traçar um esqueleto de acordo com as adaptações necessárias a fim de obter melhores resultados e solucionar problemas de gestão. A partir disso, é possível determinar os responsáveis por cada atividade, quem tem autoridade e os limites dela e o fluxo de informação, entre outros itens.

Com essas questões estabelecidas, pode-se partir para planejar os próximos movimentos em busca da eficiência administrativa. Para colocar em outras palavras: basta pensar que, sabendo o que cada um faz, fica mais fácil saber até onde é possível exigir daquele profissional, entendendo quem fica ocioso e quem está sobrecarregado. Além disso, gestores também conseguem enxergar mais efetivamente o papel e a importância de cada um dentro da organização.

É necessário entender que esse é um processo contínuo e incremental, com melhorias na estrutura que podem ser aplicadas de acordo com cada momento. Designs organizacionais dinâmicos e que podem ser facilmente adaptados funcionam muito bem, assim como aqueles colaborativos, em que todos podem opinar e contribuir. Diferentes perspectivas evitam processos de trabalho que parecem, mas não são eficientes, e ainda aumentam a responsabilização.

Perceba ainda que um livre fluxo de pessoas também é característica do método, assim como autonomia para executar cada tarefa, sem que haja a possibilidade de formação de "feudos" ou da "blindagem" de algum dos departamentos por parte da gestão ou da diretoria. A transparência é valorizada para que as relações pessoais fluam de modo orgânico e funcional – e não como um meio para se adquirir poder.

BOAS FERRAMENTAS PARA A GESTÃO DE PESSOAS

Algumas startups são focadas justamente em encontrar soluções para esse setor: são as HR Techs, compenetradas nas demandas da Gestão de Pessoas e de profissionais de RH. Isso porque reduzir gastos e diminuir erros ainda é uma grande preocupação dos empreendedores – uma pesquisa da IBM (que pode ser lida em inglês no link https://www.ibm.com/downloads/cas/QVPR1K7D) mostrou que 66% dos 6 mil executivos ouvidos esperam que a tecnologia gere valor significativo ao RH.

A promessa é que o uso de ferramentas de tecnologia em processos de recrutamento e seleção consiga reduzir em 70% o tempo gasto por parte das companhias. Se você pensa em modernizar essa área em sua organização, as HR Techs podem ajudar. Um exemplo disso é o Convenia, software em nuvem que auxilia no controle de férias, benefícios, desligamentos, contratações e rotinas do departamento pessoal, além de oferecer soluções de gestão de benefícios.

Já o Gupy funciona como um sistema de recrutamento e seleção com inteligência artificial para a estruturação de processos seletivos e acerto de contratações em apenas alguns cliques. Com robôs programados, ele coleta informações e preferências de candidatos para entender e conectar colaborador e empregador que mais combinam.

Startup brasileira fundada em 2014, a Pin People é a solução de *people analytics* que ajuda empresas a conhecer melhor seu quadro, indo daqueles que ainda buscam uma vaga a quem já é colaborador. A plataforma permite mapear as características de cada pessoa para saber qual empresa mais combina com ela, fazendo o mesmo no sentido inverso, para os recrutadores. Os dados auxiliam uma tomada de decisão mais alinhada à cultura organizacional.

Para o recrutamento de alguém para a direção, a presidência ou vagas de alto desempenho, o 2XS é uma *executive search* que trabalha nisso. A ferramenta aconselha, encontra e se aproxima dos melhores do mercado para auxiliar na busca de lideranças. Mais ou menos o mesmo faz a Pymetrics, que utiliza jogos de neurociência, em sessões que incluem análises de inteligência cognitiva e emocional. A ideia é oferecer algo mais assertivo que os tradicionais testes de personalidade.

Entre os clientes estão, por exemplo, a Accenture e a Unilever. Já entre os que escolheram a brasileira Love Mondays estão B2W, Oracle, Ambev, Buscapé e Avon. Lançada em 2013, a plataforma permite que profissionais avaliem de maneira anônima os locais onde trabalham, tornando possível conhecer a satisfação das equipes em cada uma das empresas disponíveis no banco de dados. Dá ainda para avaliar o nível de entusiasmo dos colaboradores para que sejam feitas correções no ambiente de trabalho.

O QUE PODE ATRAPALHAR

Um levantamento feito pela Endeavor, organização que fornece apoio ao empreendedorismo no mundo, mostrou que a Gestão de Pessoas é apontada por 28% dos empreendedores como principal desafio do negócio. O problema pode estar nas escolhas feitas pelos próprios empresários, principalmente a de deixar para pensar nesse assunto apenas depois que a companhia já cresceu. Esse é um dos erros mais cometidos por quem está entrando no mundo empresarial, mas faça de tudo para ficar longe dele.

Se seu quadro ainda é pequeno, não ter um profissional focado na Gestão de Pessoas não atrapalha tanto assim, mas uma dica importante é os líderes já terem uma cultura de Gestão de Pessoas, assim, quando estiver maior, não terão problemas depois de determinado número de colaboradores, é bom apostar nessa figura para evitar complicações e até mesmo ter um processo seletivo mais assertivo, o que vai levar a uma economia tanto em custos de contratação quanto em demissões. As ferramentas que listamos também podem colaborar para que você tenha um índice de acertos maior.

Outra falha comum é a do CEO ausente. Claro que muitas vezes outras funções demandam mais atenção, mas é preciso estar por perto para, como já falamos, ajustar expectativas, orientar metas e comemorar as conquistas. Para isso tudo, inclusive, é necessário medir o desempenho do time — e mora aí mais um descuido quando essa tarefa não ganha o cuidado que merece. Se avaliar e dar um retorno ao colaborador ainda é difícil para você, talvez seja interessante pedir auxílio.

Sistemas de Gestão de Pessoas que oferecem feedbacks, por exemplo, são uma saída, e aliados a instrumentos como análise do ambiente de trabalho, comunicação clara nos projetos e plano de cargos e salários, ajudam a fazer com que os profissionais continuem a bordo. E nunca é demais lembrar: uma equipe polivalente que esteja disposta a trabalhar e seja multifacetada é essencial.

2

TRATANDO A INFORMAÇÃO – A GESTÃO DO CONHECIMENTO

39 Pontos fundamentais da Gestão do Conhecimento

40 A aplicação da GC

42 Ferramentas de TI que podem auxiliar

Em qualquer pesquisa sobre startups, é comum encontrar a expressão Gestão do Conhecimento, ou GC. Não poderia ser diferente, visto que, na era da informação, é preciso um mecanismo capaz de gerir e filtrar todos esses dados disponíveis, aproveitando a "boa informação", aquela de qualidade e confiável, e não deixando que ela se perca entre uma possível burocracia interna. É nisso que atua a GC, transformando o que era informação em conhecimento de fato, algo que possa ajudar a tornar mais eficientes seus processos.

Para entender esse conceito, precisamos primeiro estabelecer a diferença entre dado, informação e conhecimento. Resumidamente, podemos definir os dados como registros soltos, códigos que isoladamente não carregam significado, enquanto a informação é o resultado do processamento e da estruturação deles. Já o conhecimento é a informação aplicada; são as informações úteis obtidas por meio da aprendizagem e da experiência.

Contudo, a grande sacada aqui é entender que, para transformar informação em conhecimento, é preciso processá-la com histórias, bagagens, expertises, pessoas etc. É nisso que trabalha a Gestão do Conhecimento (ou Knowledge Management), que pode ser entendida como o conjunto de atividades que possibilita ao negócio criar, registrar, compartilhar, proteger e incorporar a produtos e serviços os conhecimentos mais importantes gerados dentro dele próprio.

O que a metodologia faz é estimular o registro, o compartilhamento e o armazenamento dessa espécie de "sabedoria organizacional". Na prática, significa identificar o que seus funcionários sabem a respeito de seu empreendimento e transformar isso em procedimentos para que ele não fique dependente de apenas algumas pessoas. O uso da GC possibilita ainda criar fontes de inovação e renovação, além de traçar boas estratégias.

Também podemos definir a Gestão do Conhecimento como o processo pelo qual é gerada riqueza a partir do conhecimento ou do capital intelectual de uma companhia. Isso acontece, citando apenas um aspecto, quando ela usa essa "informação aplicada" para criar valor para o cliente com processos mais eficientes e efetivos, gerando, inclusive, impactos nos resultados financeiros. Sem esquecer que em um ambiente turbulento como é o mundo empresarial, a rapidez em aprender algo novo e a sabedoria a mais que a empresa possua já geram uma grande vantagem competitiva, sobretudo se ela consegue utilizar na prática o que sabe.

Além disso, a ferramenta ajuda a saber quais competências precisam ser desenvolvidas em seu ambiente corporativo. Com ela bem aplicada, é possível otimizar a solução de problemas, uma vez que, com o que é necessário ali disponível, nada precisa ser criado do zero. Aos poucos, essas construções passam a acontecer até de forma intuitiva, uma vez que o método se utiliza da capacidade de aprender com os erros, que são gerenciados para que possam ser utilizados em decisões futuras.

Ótimo, tudo isso é lindo na teoria, você pode estar pensando. Mas afinal, como trazer esse conceito para sua realidade? Talvez você já até faça uso dele no dia a dia, mas, para começar, é fundamental avaliar como a informação é tratada em seu negócio. Caso seja necessário, não hesite em abandonar práticas antigas e criar novos hábitos. Muitas vezes, torna-se crucial uma mudança de postura para que se possa enxergar o que está bem à nossa frente: aquele conhecimento não só útil, mas fundamental em seu campo de trabalho.

E saiba que ele provavelmente já está transitando por seus corredores das mais variadas formas. Pode ser à nossa vista, como nos relatórios que orientam a gestão e nos processos a serem elaborados pelos colaboradores, ou semiestruturado, em e-mails e mensagens em chats. Em outras situações, porém, é possível que o conhecimento esteja escondido em lugares que você não consegue visualizar e, consequentemente, não consegue também acessar. Por isso, é fundamental estar atento para reconhecê-lo.

Acontece que nem toda informação ou conhecimento que circulam dentro da empresa são realmente úteis. Como saber, então, o que gerenciar? A resposta para essa pergunta não é simples e vai depender de cada caso, afinal, saber o que é de grande valor dentro de sua companhia depende também de uma opinião subjetiva sua. Seja como for, uma boa solução é prestar atenção àquilo que tem impacto na operação e no que futuramente pode ser proveitoso para a tomada de decisões.

PONTOS FUNDAMENTAIS DA GESTÃO DO CONHECIMENTO

Como dissemos, boa parte do conhecimento organizacional já está explicitado em informações distribuídas em documentos, procedimentos e políticas. Então, o primeiro passo é detectar os conhecimentos que seus colaboradores já detêm para, a partir daí, descobrir quais ainda precisarão ser desenvolvidos – inclusive caso alguém acabe deixando o negócio. Outro ponto a ser mapeado é o que aqueles que estão ao seu lado já conhecem, mas ainda não conseguem utilizar completamente.

Mais um aspecto importante da Gestão de Conhecimento é a constatação de quais competências fundamentais são necessárias para o desenvolvimento interno. É a chamada "gestão de competências", por meio da qual é possível saber, por exemplo, quais treinamentos ainda são necessários para seus colaboradores. É importante, contudo, não confundir qualquer tipo de capacitação com a gestão de competências, que passa mais pela identificação do know-how imprescindível para o crescimento da empresa e para o melhor funcionamento dela.

Uma terceira forma de usar a GC é aprimorando a "aprendizagem empresarial", ou seja, desenvolvendo um ambiente em que a pesquisa sobre as práticas cotidianas, os processos da concorrência e como eles podem ser incorporados seja algo constante. Sempre que possível, inclua os colaboradores nessa missão, estimulando a inovação e permitindo que todos contribuam para agregar valor aos produtos aos serviços oferecidos ao cliente.

Outros dois pontos ainda podem auxiliar na implantação da metodologia: a "educação corporativa", que é o processo de estruturação de uma cultura organizacional alinhando todos os membros em torno dos mesmos objetivos e estratégias, e a "gestão da informação", com a organização dos dados relevantes para a empresa. O desenvolvimento do capital intelectual – habilidades individuais, normas e valores, bases de dados, segredos comerciais – também deve ser valorizado.

A APLICAÇÃO DA GC

Aplicar tudo isso parece difícil? Nem tanto, se você souber os caminhos a seguir. Ouvir sua equipe, por exemplo, é um bom começo. Saiba o que seus colaboradores têm a dizer, porque podem surgir assim novas ideias de negócios ou iniciativas inovadoras. E isso pode ser feito tanto informalmente, conversando com eles nos espaços coletivos da corporação, como em reuniões formatadas para esse objetivo, com lugar para que possam opinar e colaborar.

Reconheça as iniciativas pioneiras e valorize as atitudes daqueles que se antecipam – um modo de fazer isso é divulgar os resultados positivos, estimulando os que ainda não se engajaram. Só tenha em mente o que já falamos: nem toda sugestão é realmente útil a ponto de ser tirada do papel. Por isso, esteja treinado para reconhecer o conhecimento que de fato vale a pena, o que está relacionado com o momento no qual você se encontra.

Uma prática ou processo não anula o outro, pelo contrário, devem ser complementares. Não esqueça que é preciso estar alinhado com os objetivos de seu negócio, implementando práticas de Gestão do Conhecimento que correspondam à sua cultura empresarial. Nem tudo que funciona para um funciona para

É preciso estar alinhado com os objetivos de seu negócio, implementando práticas de Gestão do Conhecimento que correspondam à sua cultura empresarial.

outro, mas monitorar leis e regulamentações do setor no qual atua e adquirir o hábito de acessar sites e portais especializados, que costumam trazer pesquisas e novidades, nunca é demais.

Uma vez localizado, todo esse conhecimento – que pode estar ainda em rotinas e práticas, então fique de olho nelas – precisa ser armazenado, gerando benefícios como a aceleração de inovações, o mapeamento de competências individuais, a garantia da sustentabilidade e a redução do retrabalho. Informações organizadas ainda ajudam a prestar serviços mais eficientes.

FERRAMENTAS DE TI QUE PODEM AUXILIAR

Para facilitar essas tarefas, algumas soluções oferecidas pela tecnologia da informação têm sido importantes aliadas da Gestão do Conhecimento. Com ferramentas de gerenciamento, softwares são capazes de identificar, criar, apresentar e distribuir todas as informações produzidas nos diferentes setores de um empreendimento, que são avaliadas e estruturadas para atender às estratégias e aos objetivos dele.

Esses programas são desenvolvidos não só para codificar os dados ali inseridos, mas ainda para classificá-los de acordo com impacto, grau e qualidade. A partir de experiências anteriores, esses sistemas inteligentes conseguem prever as consequências de determinado fato, antecipando a reação disso em seu negócio. As características identificadas são associadas a perfis comportamentais, tornando possível, assim, estimar quais serão suas necessidades e suas tendências.

De modo geral, já existem inúmeros instrumentos com esse foco, alguns sendo capazes inclusive de atuar em todas as fases do ciclo corporativo. Outros, porém, têm funções mais especializadas para GC. Uma delas é o *groupware*, que incentiva os colaboradores a colaborarem em diferentes tarefas, como a comunicação, a geração de ideias e o aperfeiçoamento de iniciativas. Há ainda os sistemas especialistas, que oferecem uma alta capacidade para resoluções de problemas específicos de determinada área.

Outros exemplos de softwares voltados para esse campo são os de apoio às decisões, que auxiliam a gestão na hora de fazer escolhas e garantem que elas estejam alinhadas à visão, à missão e aos valores da organização. Já aqueles de documentos e gerenciamento de banco de dados permitem o controle, o compartilhamento e a recuperação de arquivos e informações, assim como os de simulação possibilitam que você saiba o desfecho de determinada questão quando não é possível testá-la diretamente. Eles simulam os resultados e os efeitos de ações estratégicas antes mesmo que elas sejam implantadas.

E para quê tudo isso? Todos esses sistemas têm como principal característica a coleta de dados, que posteriormente são processados para que se obtenha um conjunto de informações relevantes, todas a serem agregadas e distribuídas em forma de conhecimento. Assim, é possível aprimorar constantemente os processos, sejam eles internos ou externos, garantindo o acesso ao aprendizado de cada setor e o aperfeiçoamento das atividades rotineiras com maior facilidade.

Um caso concreto de como a Gestão do Conhecimento pode ser útil é o da Procter & Gamble, o enorme conglomerado que produz de alimentos a itens de higiene e de limpeza. Líder mundial em diversos setores e com mais de 7.500 pesquisadores trabalhando em 72 centros de pesquisa, a empresa produz um volume considerável de conhecimento – que auxilia, inclusive, na criação de produtos inovadores.

Em uma estrutura como essa, a partilha de informações é essencial para a sobrevivência. Contudo, antes da implementação dessa metodologia, a P&G estava longe disso, e problemas como dificuldade no acesso a documentos, falta de padronização e comprometimento do desempenho organizacional se mostravam constantes.

A solução encontrada foi a instalação de softwares para organizar os fluxos. Apenas um deles, o Innovation Net, armazena mais de cinco milhões de arquivos, enquanto o eLab pesquisa pelo conteúdo presente neles e gerencia as permissões. Como resultado de mudanças simples, os pesquisadores passaram a economizar tempo no arquivamento de documentações em papel, o acesso a todo esse material foi facilitado e a produtividade melhorou.

Outro exemplo da mesma empresa é a rede em que agentes da Procter & Gamble simulam o comportamento de elementos da cadeia de produção. Foi dessa forma que se descobriu que em certas situações é melhor que os caminhões saiam dos depósitos ainda que não estejam completamente carregados, para evitar falta de estoque nas lojas. Uma alteração simples que gerou uma economia anual de 300 milhões de dólares.

O que deve ficar dentro de tudo que foi relatado aqui é o fato de que ter o conhecimento trabalhando a seu favor no empreendimento é sair na frente dos concorrentes. E por isso mesmo ele deve ser encarado como um fator estratégico. É bem simples: quanto mais você conhece os processos e os dados de seu negócio, melhores serão as práticas dentro dele. Isso só acontece, entretanto, quando todos esses dados e informações passam a trabalhar para você — caso contrário, sem uma gestão correta, eles não agregam valor algum e as vantagens competitivas acabam perdidas.

A Gestão do Conhecimento pode ser entendida como o conjunto de atividades que possibilita ao negócio criar, registrar, compartilhar, proteger e incorporar a produtos e serviços os conhecimentos mais importantes gerados dentro dele próprio.

3

QUANDO TER UM PLANO DE NEGÓCIOS?

49 Os passos para um Plano de Negócios

52 Mantendo o Plano de Negócios atual

53 O modelo Canvas

ocê bem sabe que administrar uma empresa nunca é fácil. Além de provar que sua ideia funciona, ter um time funcionando bem e conseguir recursos, é preciso estar sempre de olho no planejamento para saber se ele está sendo seguido à risca. Apenas com um bom direcionamento é possível focar as ações e superar os obstáculos que sempre surgem. É claro que o melhor, ou ideal, é que tudo isso seja pensado ainda na etapa de desenvolvimento do empreendimento, mas, caso não tenha sido feito, nunca é tarde para fazer seu Plano de Negócios, principalmente se você pretende agregar um novo produto ou serviço ao portfólio.

Por que é necessário? Porque é esse conjunto de informações e análises que conecta todas as áreas, do financeiro ao comercial, que ajuda a determinar a viabilidade econômica e mercadológica da companhia, servindo como um guia para a gestão estratégica e auxiliando ainda na redução de riscos e incertezas e na identificação dos pontos fracos e fortes. Com uma margem de erro menor ao longo da jornada, fica mais fácil aumentar as chances de sucesso.

E nada de desculpas! Mesmo para quem já tem uma empresa, ele ajuda a colocar a casa em ordem e a ampliar as perspectivas, além de fornecer uma boa visão sobre o mercado de atuação. É comum a ideia de que toda a modelagem do negócio precisa ser feita antes que ele saia do papel – e é realmente importante que isso aconteça –, mas não podemos esquecer que muitas vezes as operações já existentes precisam de modelagem ou até de revisões no planejamento antes estabelecido.

Agora, se seu empreendimento já está a todo vapor e pretende continuar no mesmo caminho, talvez seja interessante um planejamento estratégico com metas e planos de ação. Caso a ideia seja buscar novas estradas para atingir outros resultados, saiba que o Plano de Negócios também pode ajudar muito, uma vez que vai abranger uma gama maior de informações, englobando dados estratégicos, táticos e operacionais. Alguns pontos podem ser tomados como base para essa decisão:

- Mudanças estratégicas: Se seu objetivo é mudar o foco da empresa, não adianta apenas traçar novas metas. Será necessário repensar toda a estratégia e aí um Plano de Negócios entra como auxílio, visto que é preciso alterar toda a operação, incluindo plano de marketing, análises de mercado e estudos financeiros. Sem um redesenho do modelo da organização e uma definição dos recursos a serem utilizados, você pode acabar se enrolando. Porém, caso a ideia seja crescer com produtos ou serviços que já existem, definir novos propósitos deve bastar.

- Novos produtos ou público: Outro motivo para fazer um Plano de Negócios com o barco já navegando é uma mudança na estratégia de produto ou de público-alvo. Isso vai além do lançamento de um novo produto ou serviço e passa também pela adequação deles ao um novo público e pela abertura de filiais focadas em outros mercados. Um bom exemplo foi o caso da Kopenhagen, que, para lançar uma linha de chocolates com preços mais acessíveis, foi preciso repensar o plano de marketing e criar a marca Brasil Cacau.

- Crescimento da equipe: Para crescer, muitas vezes acaba sendo necessário contratar e, sem planejamento, isso pode acontecer de maneira desordenada, principalmente porque essas contratações costumam acontecer antes da chegada dos ganhos previstos. O ideal é já começar seu ano de crescimento com essa etapa planejada e uma linha do tempo de contratações, definindo quantas pessoas serão necessárias para cada setor – e também aqueles que talvez não precisem de novos colaboradores. Tudo vai depender do novo tamanho de produção.

- Comparações de investimentos: Alguns investimentos capazes de alterar a estratégia e a estrutura da empresa requerem mais que um simples estudo de viabilidade econômica. Se você vai abrir uma filial, por exemplo, é fundamental analisar mercado e concorrência, planejar o tamanho e a localização e pensar na equipe. Isso significa que investimentos mais complexos devem vir acompanhados da construção de um Plano de Negócios completo.

- Novos sócios ou investidores: Caso você esteja interessado em novos sócios para investir ou trabalhar, é bem provável que eles queiram conhecer não apenas os números atuais, mas também toda a sua estratégia a longo prazo a fim de saber se o negócio é sustentável. Um Plano de Negócios pode ajudar a demonstrar esses dados de maneira mais organizada e completa, uma vez que é preciso que estejam no documento planos estratégico e de marketing, análise de mercado e da concorrência, planejamento financeiro, entre outros.

OS PASSOS PARA UM PLANO DE NEGÓCIOS

As informações necessárias para a montagem do Plano de Negócios vão desde a definição da missão, da visão e dos valores da empresa até os objetivos mais específicos em relação ao funcionamento. O bom é que repassar todas essas informações com o empreendimento já funcionando permite identificar gargalos sobre os quais você ainda possa ter pouco conhecimento, garantindo a oportunidade de se aperfeiçoar e se aprofundar em estudos e análises, tornando o negócio mais sólido e consistente.

Se feito da maneira correta, criar o documento exige paciência, pesquisa e tempo, ou seja, ingredientes quase que mágicos nos dias de hoje. No entanto, saiba que não há um único modelo a ser seguido e a forma de montar o plano depende muito do mercado em que você está inserido. Ainda assim, eles costumam trazer itens como sumário, história da empresa, modelo de negócio, produto/serviço, mercado consumidor, concorrência, mapa de implementação, planejamento de marketing e operações, equipe de gestão, resultados históricos e projeções financeiras, que podem compreender um período de três a cinco anos.

Para iniciar o seu, você deve partir da análise de mercado, identificando concorrentes, público-alvo e fornecedores. Analisar seu cliente em potencial é imprescindível, pois é preciso demanda por seu produto ou serviço para que o empreendimento decole. Procure saber o máximo possível sobre seu usuário, desde os interesses e o perfil dele até os comportamentos. Essas informações influenciarão na escolha de estratégias mais eficientes.

Feito isso, é hora de se aprofundar quanto ao posicionamento dessa mercadoria a fim de tentar prever como será a aceitação. As pessoas pagarão por aquilo que você vai oferecer? Faça essa pergunta a si mesmo e comece a pensar em estratégias de marketing que convençam esses potenciais clientes no sentido de que essa resposta seja positiva, dando visibilidade à marca e expandindo a participação no mercado.

Com esses itens alinhados, comece a pensar em como colocar a ideia em prática. O trabalho só está começando! É o momento das análises mais específicas, com os planos operacionais e financeiro. O primeiro deve descrever toda a estrutura necessária para que a organização funcione, estimando a capacidade produtiva, o quadro de colaboradores e a quantidade de consumidores a atender, assim como a delimitação de prazos e tudo o que precisa ser cumprido pelos colaboradores. É a sistematização da rotina empresarial.

Já no plano financeiro é imprescindível esclarecer quanto investimento será necessário para que tudo isso aconteça. Considere aí custos iniciais, despesas, receitas, capital de giro, fluxo de caixa e lucros. Ele pode ser mais ou menos detalhado, dependendo das informações colhidas na fase de pesquisas e também de seu segmento de mercado. Itens como balanço patrimonial, demonstrativo de resultados, análises econômicas — incluindo ponto de equilíbrio, lucratividade, retorno sobre investimento — são boas adições caso você os tenha.

Apenas com um bom direcionamento é possível focar as ações e superar os obstáculos que sempre surgem.

MANTENDO O PLANO DE NEGÓCIOS ATUAL

Depois de tudo isso feito, acabou o trabalho com o Plano de Negócios, correto? De maneira alguma. Assim como o mundo ao redor, o Plano de Negócios de uma empresa precisa estar em constante evolução. Na era da velocidade da informação e dos avanços tecnológicos, os mercados costumam mudar constantemente e, por isso, é preciso que seu planejamento faça o mesmo para que possa continuar atualizado.

Caso contrário, o empreendimento corre o risco de ficar para trás, tornando-se obsoleto perante os concorrentes que estão sempre se modernizando. Isso pode ser um grande problema, mas de fácil solução: para evitar que aconteça, basta monitorar o documento e analisar se ainda é condizente com a realidade atual. Ter identificadas as métricas que avaliam a performance auxilia e torna o processo mais fácil.

Isso porque, com os critérios de mensuração definidos – que podem ser relatórios de diversas áreas da empresa –, é possível acompanhar alterações e corrigir possíveis problemas. Estabeleça uma periodicidade. Algumas companhias atualizam o Plano de Negócios anualmente. No mundo atual, talvez seja necessária uma frequência menor, fazendo dele uma ferramenta de gestão viva – e não apenas algo para ficar guardado no armário.

E, com o plano finalizado, é hora de partir para a ação. Algumas organizações aproveitam as informações contidas no documento para fazer simulações, tanto positivas quanto negativas, e se prepararem em caso de adversidades ou da possibilidade de potencializar situações favoráveis. Seja como for, planejamento feito, os processos passam a ser mais dinâmicos e é necessário correr atrás para executar as próximas etapas.

Lembre-se de que é preciso responder perguntas relevantes, tais como: o que será feito, por quem, como, a quem o produto ou serviço será oferecido, quanto será necessário para tal e para quando está previsto o retorno financeiro. Saiba também que a estrutura deve ser sólida, pensando na alocação de recursos humanos, tecnológicos e financeiros, observando os pontos-chave identificando as oportunidades e antecipando pontos-chaves, as dificuldades.

Com todo esse processo, tudo isso a ser pensado, se preferir, você pode organizar o Plano de Negócios em duas macroetapas: a análise do negócio e o planejamento. Na primeira, são feitos estudos com informações sobre a empresa, as análises da ideia e do mercado. Já no segundo todos esses dados devem se transformar em projeções, com definições de modelos de monetização, proposta de valor, de indicadores de tração, marketing e vendas, e da parte financeira, com fluxo de caixa, valuation e afins.

Quer uma ajudinha? Essa fase toda pode ser facilitada por softwares específicos. Um deles é o Plano de Negócios, do Sebrae. Gratuito, ele tem como finalidade orientar o empreendedor na execução e ajuda a organizar ideias e informações sobre ramo de atividade, produtos e serviços, clientes, concorrentes e fornecedores. Sendo assim, fuja de erros como a alegação de que não tem tempo para fazer seu Plano de Negócios. Se você pensa em expandir ou mudar de rota, vale a pena se debruçar sobre isso.

O MODELO CANVAS

Além do Plano de Negócios, outra ferramenta de gestão estratégica muito conhecida e que pode ajudar na fase de planejamento é o Business Model Canvas. Enquanto o Plano de Negócios é um documento mais longo e detalhado, que não permite muita dinamicidade, o Canvas facilita seu entendimento e possibilita mais flexibilidade, podendo ser utilizado por empresas que estão começando ou passando por modificações em sua estrutura. Um, entretanto, não é substituto do outro.

O que estamos tratando agora é um mapa visual pré-formatado com um resumo dos principais pontos do planejamento. Visando à organização e à objetividade, o Canvas tem um conceito simples, que explica a forma como o empreendimento vai operar e gerar valor. Ele é dividido em nove blocos: Proposta de Valor, Segmento de Clientes, Canais, Relacionamento com Clientes, Atividades-Chave, Recursos Principais, Parcerias Principais, Fontes de Receita e Estrutura de Custos.

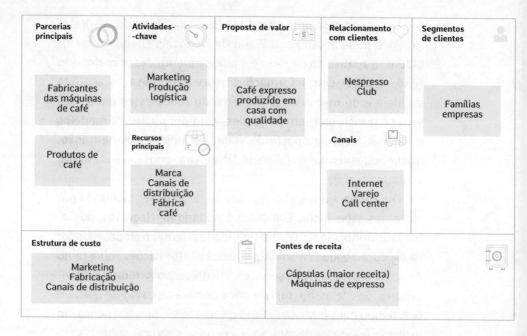

Na Proposta de Valor, a finalidade é esclarecer o valor que o empreendimento está entregando ao cliente. Que problemas estão sendo resolvidos com seu produto ou serviço? Que necessidades dos consumidores estão sendo satisfeitas? A Proposta de Valor deve resolver um problema ou satisfazer alguma necessidade.

Já no Segmento de Clientes, você deve responder para quem está sendo criado esse valor sobre o qual acabamos de falar. Quem são as pessoas que adquirem seus produtos ou serviços? É a definição de seu público-alvo. Clientes distintos possuem necessidades distintas; e, sabendo disso, fica mais fácil desenvolver ações especialmente voltadas para cada um deles.

O tópico Canais vai refletir por quais canais os usuários querem ser contatados e qual funciona melhor, com o melhor custo-benefício. Em resumo, é a forma como a organização se comunica com seus usuários, tanto no momento da compra quanto no suporte depois dela. Esses canais podem ser diretos, como time de vendas, ou indiretos, a exemplos de lojas de revendas, e devem cumprir as fases de conhecimento, avaliação, compra, entrega e pós-venda.

Sabendo como está funcionando a comunicação, é preciso se aprofundar no Relacionamento com o Cliente. Esse aspecto pode ser atingido de maneira automatizada, com bots ou por meio da interação humana, tudo a depender do que a empresa pretende em relação à conquista, à retenção e à ampliação das vendas.

As Atividades-Chave compõem o quinto bloco do Canvas, no qual é preciso estabelecer quais ações precisam acontecer para que o empreendimento funcione bem. São as tarefas mais importantes a serem executadas e, sem elas, nada gira. Podem ser categorizadas em produção, resolução de problemas e plataformas.

Em seguida, o modelo deve contar com os Recursos Principais, que, como o próprio nome já diz, são os recursos para a criação da sua proposta de valor. São divididos em quatro categorias: os físicos, como fábricas e máquinas; os intelectuais, ou seja, conhecimentos específicos e patentes; os humanos; e os financeiros, a exemplo de dinheiro e ações.

Ainda no Canvas, você deve definir as Parcerias Principais. Conhecer seus parceiros e saber o que está sendo adquirido deles é fundamental. Uma boa relação só traz ganhos, uma vez que são fornecedores e parceiros que permitem que o negócio se desenvolva de maneira otimizada e mais econômica, sendo capaz ainda de reduzir a competitividade.

O oitavo bloco trata das Fontes de Receita, ou seja, as formas como o dinheiro está sendo gerado por cada segmento de consumidores. Significa saber quanto eles estão dispostos a pagar pelo que você tem a oferecer, como estão pagando. Para calcular a receita, os custos devem ser subtraídos da renda para gerar o lucro.

Para finalizar, deve ser detalhada a Estrutura de Custo, que ajuda a compreender quais deles são mais importantes de acordo com o modelo de negócio. Ela pode englobar custos fixos e variáveis e influencia no preço final do produto ou serviço. Caso o modelo seja direcionado pelo custo, ele tende a ser mais baixo, gerando, assim, uma proposta de valor baixo. Já se o direcionamento for a criação de valor, as atividades são mais complexas e o preço, mais elevado.

4

A INOVAÇÃO E O DESIGN THINKING

58 As etapas do DT
60 Alguns *cases* de sucesso
62 Como aplicar o Design Thinking

O Design Thinking, ou DT, está na boca do povo e cada vez mais dentro das empresas. Pensado por Tim Brown, CEO de uma consultoria norte-americana, o DT nasceu no Vale do Silício e é uma abordagem que traz conceitos do design para o mundo empresarial. Na visão do criador, autor de um livro sobre o assunto, é preciso pensar como um profissional desse ramo para realmente alcançar um nível significativo de inovação nos negócios – e até na vida pessoal. É trazer o pensamento criativo para dentro do, por vezes, tenso ambiente corporativo.

Por mexer justamente com essa capacidade criadora, a metodologia facilita a geração de ideias, ao mesmo tempo em que potencializa a concretização delas em projetos e soluções. Só que, segundo esse conceito, é fundamental que essas ideias tenham como base a empatia. No DT, é necessário pensar nas pessoas não apenas como consumidores, mas também como seres humanos num aspecto global.

O conceito propõe um mapeamento das experiências culturais e dos processos dos indivíduos envolvidos em um problema. Com o foco neles, a finalidade é entender quais são as necessidades não atendidas, compreendendo seus anseios e gerando novas concepções que podem melhorar a vida dos usuários de acordo com o que eles próprios querem. É essa identificação que facilita uma conexão mais profunda com os produtos ou serviços oferecidos por uma organização.

Como definia o próprio Tim Brown, é usar "as ferramentas dos designers para integrar as necessidades das pessoas, as possibilidades da tecnologia e os requisitos para o sucesso dos negócios". Por meio da experimentação, a abordagem prega a criação de soluções com o cliente, e não para o cliente, e, por sua agilidade, vem sendo utilizada por startups desde o início. Acontece que ela pode ser empregada em qualquer tipo de empresa, das pequenas às grandes.

Um passo para isso é entender os três pilares utilizados pelo Design Thinking. O primeiro deles é a empatia. Já falamos sobre ela anteriormente e é ela que deve guiar o projeto. É necessário colocar as pessoas em primeiro lugar, entender seus desejos, sentimentos, desafios e, claro, seu comportamento. Vêm do que é observado aí os insights que vão melhorar a experiência do usuário com um produto ou serviço.

Logo depois está a fase da experimentação, quando são colocadas em prática as concepções desenvolvidas com a observação do consumidor. Ela é seguida pela experimentação, complementar à etapa anterior e essencial para avaliar, por meio da criação de modelos, se a ideia é viável e desperta interesse. Com ela se pode medir a aplicabilidade em determinado contexto. Erros ou dificuldades devem ser superados aqui, e testes com o público-alvo vão tornar a versão final a mais próxima possível do ideal.

AS ETAPAS DO DT

Após os três pilares, vêm as quatro etapas do DT — Imersão, Ideação, Prototipação e Realização —, que vão desde a identificação de uma oportunidade até a criação de uma solução. Elas ajudam a alicerçar o processo para que sejam alcançados os resultados esperados com a melhor execução possível. Tenha em mente que elas podem se repetir caso seja necessário fazer alguma melhoria ou seguir algum caminho não pensado inicialmente.

A finalidade da imersão? Nada mais do que vivenciar de maneira intensa aquela oportunidade que está diante de você — e que, espera-se, esteja conectada a algum problema que foi levantado lá no início, durante a observação dos usuários. Mais

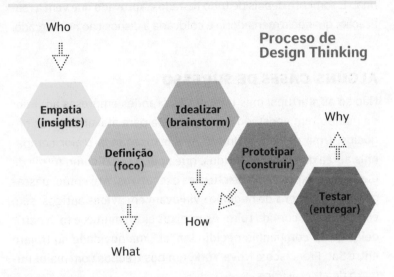

uma vez, lembre-se de que tanto o ponto de vista deles quanto o da empresa devem ser levados em consideração e é essencial que todas essas informações sejam consideradas com atenção para entender o que o produto ou serviço deve oferecer.

Já a Ideação é a fase na qual será necessário soltar ainda mais a criatividade. Segundo o ideograma de Tim Brown, essa é a hora de deixar qualquer barreira de lado para pensar em coisas novas. Aqui valem brainstorming, desenhos, mapas mentais e tudo o mais que ajudar o cérebro a pensar lá na frente. Se outras técnicas são capazes de aguçar seu potencial criativo, é válido apostar nelas também.

A Prototipação é o estágio que transforma aquilo que era uma ideia em algo concreto. É uma versão simplificada do produto/serviço, com a realização de ações rápidas que não envolvam grandes gastos de tempo ou dinheiro, visto que a fase é ainda de validação do que é proposto. O ponto central é que os protótipos, sejam físicos ou digitais, permitam o teste de usabilidade a ser feito por clientes pré-selecionados pela empresa, os usuários alfa.

Pegando um conceito da Lean Startup, um MVP é uma boa dica para essa etapa, uma vez que ele verifica, sem grandes gastos, se a criação atende realmente às necessidades de seu consumidor final. É somente depois de tudo testado e aprovado que vem a realização, quando a mercadoria é colocada à disposição no mercado.

ALGUNS *CASES* DE SUCESSO

Não só as startups, mas também as grandes empresas ao redor do mundo têm apostado na ferramenta para alavancar seus negócios. Uma delas é a United Airlines, segunda maior companhia aérea dos Estados Unidos, que aplicou o DT como forma de melhorar a experiência de clientes executivos. Até então, passageiros em viagens de negócios viajavam em aviões antigos, sem espaço e com comida ruim. As queixas eram muitas e foi a partir delas que a companhia decidiu lançar uma novidade no trajeto entre São Francisco e Nova York, um dos trechos com maior número de empresários.

Nascia o Premium Service, que alterou a disposição das cabines de suas aeronaves, oferecendo mais espaço e conforto. Lanches e opções de entretenimento também foram aprimorados. O resultado não poderia ter sido melhor: a United entendeu e solucionou um problema e, com isso, não só tomou a dianteira dos concorrentes como também aumentou a satisfação de quem viajava, que passou a compartilhar a experiência positiva. O buzz em torno disso gerou ainda mais receita.

Mais um exemplo de sucesso é a HBO, que, mesmo consolidada como uma das maiores emissoras televisivas dos Estados Unidos, viu novos caminhos chegando e recorreu ao Design Thinking para alcançá-los. O objetivo era a criação de uma estratégia que atendesse a televisões com acesso à internet, celulares e mercado de vídeos sob demanda. Depois de uma pesquisa com consumidores, o canal partiu para um plano de ação que previa a criação de conteúdo para todas essas plataformas – todos os programas pensados para a TV deveriam estar também nos outros meios.

A partir dessa definição, a equipe de projeto construiu protótipos para serem instalados pelos corredores do prédio da própria empresa. O propósito era que todos os que estavam ali

É necessário colocar as pessoas em primeiro lugar, entender seus desejos, sentimentos, desafios e, claro, seu comportamento.

dentro da matriz entendessem como seria a experiência dos usuários nessa rede de multiplataformas, inclusive possibilitando a sugestão de melhorias e a realização de ajustes com base nesse experimento. A ideia tornou-se realidade e pouco depois o consumo de conteúdo nesses dispositivos foi alavancado, deixando a emissora na frente das demais.

E não é só lá fora que funciona. Entre as companhias brasileiras, podemos citar a Natura e a Havaianas. No caso da empresa de cosméticos, o DT foi colocado em prática no desenvolvimento de novos produtos que pudessem conversar com os jovens. O desejo da marca era adotar uma linguagem mais leve e divertida, fortalecendo o relacionamento com a juventude, e um time multidisciplinar ficou responsável por bolar soluções relevantes para essa fatia do mercado.

Já a Havaianas recorreu à abordagem para promover sua linha de bolsas — além das famosas sandálias de borracha, eles também fabricam toalhas, calçados, chaveiros... A intenção era que as bolsas mantivessem o espírito de brasilidade. Depois de entrevistar pessoas de todo o Brasil e de outros países, foi desenvolvido um protótipo, que foi testado, avaliado e adaptado até ser lançado na São Paulo Fashion Week.

COMO APLICAR O DESIGN THINKING

Eis a grande questão! Para começar, defina sua jornada: entenda o mercado onde quer entrar e o problema que pretende resolver com seu produto ou serviço. Se já tem algum desses dois formulado e pronto, pense se ele realmente atende às necessidades do consumidor. Também é importante estar atento às oportunidades, às tecnologias e às concorrentes, evitando gastar tempo e dinheiro em algo sobre o que outros já se debruçaram. Além disso, saiba que em todo processo existe risco e, por isso, você vai errar. Caso já esteja errando, quanto mais rápido voltar à trajetória de acertos, melhor.

Trabalhar com parcerias, tendo uma rede com seus colaboradores, clientes e fornecedores ajuda nesse processo. Os feedbacks deles são importantes e podem ajudar a revisar a estratégia. Como já foi dito, é preciso sempre revisitá-la para saber se ela está resolvendo as dificuldades às quais se propõe. É por isso que seu foco não pode ser apenas em ganhar dinheiro, mas entender o processo de aprendizado de empreender. O Design Thinking é um bom guia nisso.

Se seu negócio já está em pleno funcionamento, a abordagem pode ser incluída em alguns processos. Nos brainstorms com colaboradores, por exemplo, o ciclo de ideação e prototipação pode ajudar no processo criativo. Já nas equipes de vendas vale apostar na técnica para desenvolver a capacidade de enxergar pelos olhos dos consumidores, criando estratégias mais poderosas de persuasão. Pensar nos problemas do usuário pode servir de vantagem competitiva perante os modelos já prontos da concorrência.

Além disso, uma das grandes vantagens de todo esse conceito talvez seja a de permitir a experimentação de novos pontos de vista com maior agilidade, garantindo ao negócio um funcionamento mais dinâmico e uma evolução mais rápida no desenvolvimento das ideias. É claro, no entanto, que o Design Thinking não é garantia de resultados, muito menos os imediatos. Vale mais encará-lo como a garantia de um aprendizado em soluções inovadoras e focadas no que é real, nas dores e nas dificuldades vistas ao redor — e não em estatísticas e números que talvez passem longe dos interesses de quem realmente importa, o cliente.

5

METODOLOGIAS ÁGEIS: LEAN STARTUP E AGILE

66 Os três pilares
69 Princípios da metodologia Lean
73 Metodologia Agile
75 O Scrum
78 Escolhendo a melhor metodologia

Se por um lado o Plano de Negócios pode ser importante em sua empresa, mesmo com ela já em andamento, por outro já há quem defenda, no universo das startups, que aquele longo documento com projetos de receita, lucro e fluxo de caixa não é mais tão essencial assim. Trata-se do método Lean, que nasceu colocando toda essa ideia em cheque e, ao propor a adoção de processos menos arriscados em um negócio, vem ganhando espaço desde que foi criado, em 2008.

Contrário ao entendimento de que primeiro é preciso captar recursos e montar uma equipe para, em seguida, lançar um produto, o conceito de Lean — que pode ser traduzido como "enxuto", "magro" — envolve a identificação e a eliminação de desperdícios. Com diferentes técnicas para isso, a estratégia é focada em itens como tempo, custos ou recursos e no que, dentre estes citados, pode estar sendo desperdiçado para a partir daí implementar melhorias.

Note que esses desperdícios podem estar em várias frentes, seja em um trabalho parcialmente concluído, no excesso de burocracia, na tomada de decisões de maneira lenta, no alto tempo de espera, nos defeitos em processos ou produtos ou até mesmo no fato de entregar mais que o cliente espera, o chamado *gold plating*. Mesmo que você pense que não, em geral, vários desses aspectos podem ser otimizados e é nessa frente que o modelo gerencial se concentra.

O conceito aqui é criar mais valor com menos trabalho, focando na eficiência — até porque o próprio ambiente de startups é feito de incertezas tanto para o cliente quanto para o produto final. Porém, é justamente por essa proposta que, apesar de ganhar cada vez mais adeptos no Brasil, a filosofia ainda é interpretada erroneamente por muitos empreendedores. Minimum Viable Product (MVP), do qual falaremos mais adiante, é confundido com uma versão do produto com funcionalidades mais simples, enquanto as técnicas de validação de hipóteses terminam por ser comparadas a pesquisas de mercado.

Não é bem por aí. O que a metodologia Lean faz é favorecer a experimentação no lugar da elaboração de um plano, a utilização das reações e das respostas de clientes em vez da intuição e o design interativo e adaptável em oposição a algo já pronto e imutável. O método pode resultar em menos falhas que os tradicionais, uma vez que, em alguma das fases entre montar um Plano de Negócios, arrumar investidores, reunir um time e começar a vender, você pode sofrer um revés fatal.

E, mesmo quando isso não acontece e a startup consegue se manter no mercado, a taxa de crescimento dela muitas vezes acaba sendo restrita por causa de alguns fatores. Entre eles, o alto custo de conseguir o primeiro cliente – e o custo ainda maior se estiver comercializando o produto errado –, os longos ciclos de desenvolvimento, o baixo número de pessoas dispostas a arriscar e a alta concentração de conhecimento em poucos lugares, como o eixo Rio-São Paulo. Com o Lean, as duas primeiras situações são sanadas, pois a metodologia ajuda a lançar aquilo que os consumidores querem, e a terceira é reduzida.

OS TRÊS PILARES

Para que possamos ter um entendimento ainda maior, é bom destacar que toda essa noção foi ressignificada pelo norte-americano Eric Ries, que passou anos combinando aspectos de marketing, tecnologia e gestão para chegar ao conceito que apresentamos aqui. Ao longo desse tempo, ele trabalhou para transformar uma metodologia originalmente empregada por algumas poucas startups em um método que pudesse ser utilizado por qualquer negócio, em especial aqueles que ainda estão nascendo.

1. Estabeleça suas hipóteses;

2. Aplique o Desenvolvimento de Clientes;

3. Inicie o seu Desenvolvimento Ágil.

A filosofia é baseada na Lean manufacturing, ou "manufatura enxuta", a produção otimizada desenvolvida na década de 1980 por fabricantes de automóveis japoneses. Esse sistema enxerga gastos de recursos com outro objetivo que não a criação de valor para o cliente final como um desperdício, algo, portanto, a ser eliminado. Nessas fábricas, pequenas pilhas de inventário, kanbans, eram colocadas ao longo da linha de montagem, fornecendo aos trabalhadores o material para produzir à medida que ele era necessitado, o que aumentava a produtividade.

Agora, voltando ao método Lean startup, ele tem três pilares principais. O primeiro é o de que tudo que o empreendedor possui a princípio é uma série de hipóteses a testar. Bons palpites que você precisa saber se vão dar certo ou não. Por isso, em vez de preparar um Plano de Negócios, essa estratégia prevê o uso do Canvas para montar seu modelo de negócio. Como já explicamos neste livro, a ferramenta nada mais é que um diagrama que mostra como a empresa pode criar valor tanto para si quanto para os usuários.

Logo em seguida vem o segundo pilar: é preciso testar todas essas hipóteses por meio de uma abordagem chamada Desenvolvimento com Clientes – em inglês, Customer Development. Para isso, a companhia precisa conversar com potenciais compradores e parceiros para saber a opinião de todos eles a respeito dos elementos do modelo. Vale conhecer o que eles têm a dizer sobre o produto, os preços e os canais de distribuição. A agilidade precisa ser prioridade e isso é feito por meio do MVP.

O terceiro e último dos pilares de uma startup enxuta é o Desenvolvimento Ágil, surgido na indústria de softwares e amigo íntimo do Customer Development. Por isso, não há espaço para perda de tempo ou de recursos, pois a mercadoria é desenvolvida para ser sempre incrementada, sendo facilmente adaptável. Ou seja, na metodologia Lean, tudo gira em torno dos testes para a validação de hipóteses, da interação com o consumidor e da implementação de melhorias ao longo do processo, tudo feito antes do lançamento.

PRINCÍPIOS DA METODOLOGIA LEAN

- Construir-Medir-Aprender

Para alcançar o que foi mostrado anteriormente, a proposta se fecha em três passos principais: o ciclo Construir-Medir-Aprender. Esse método se inicia considerando que sua empresa já identificou o produto a ser resolvido e a solução para ele. Diante disso, a primeira etapa é, então, construir esse produto ou serviço. É quando surge o tão falado MVP, um protótipo feito de maneira rápida e barata para ser apresentado a possíveis consumidores.

Com ele pronto, é necessário medir, ou seja, verificar se a solução imaginada é realmente viável tanto em termos técnicos quanto financeiros. Para essa comprovação, podem ser utilizados testes de usabilidade como: Search Engine Marketing, Testes A/B. Nesse estágio, você deve validar ou não sua hipótese de acordo com uma meta previamente estabelecida — por exemplo: se dez usuários se registrarem em seu serviço em dois dias, você mantém a hipótese.

A próxima etapa é a de aprender a partir do material garimpado até aqui. Pode ser que você descubra que sua solução é inviável ou que o público correto ainda não foi encontrado. Mas pode ser também que tenha obtido sucesso e se encontre no caminho certo. Muito provavelmente você terá novas ideias, algo surgido dessas pesquisas e que pode levá-lo a novas hipóteses a serem validadas.

- Pivot

Após todos esses passos, chega a hora de uma importante decisão: pivotar ou perseverar. O termo, vindo do basquete, é utilizado para designar uma correção de curso estruturada para testar uma nova suposição sobre o produto, o negócio etc. O Pivot pode ser visto como uma nova hipótese estratégica que requer um novo MPV para ser testado. Apenas uma conjectura deve ser analisada por vez, evitando gerar uma dúvida sobre qual variável funcionou ou falhou.

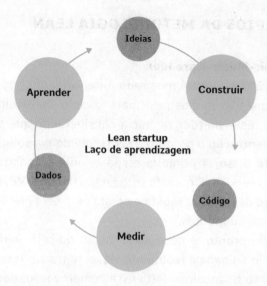

Em resumo, você tem duas opções: se sua hipótese foi validada, você deve perseverar com ela e testar uma nova, e, caso ela tenha sido invalidada, você precisa pivotar seu produto em termos de problema, solução ou público-alvo, corrigindo essas situações com a maior agilidade possível. A pivotagem faz a organização aprender com seus erros, tornando-se resiliente, e pivots bem-sucedidos conseguem levá-la ao caminho de um negócio sustentável.

- Aprendizado validado
Ele é o resultado obtido a partir da análise do ciclo Construir--Medir-Aprender. Startups, mais que ninguém, precisam aprender a arquitetar um negócio sustentável, mas, para isso, é necessário que a aprendizagem seja validada cientificamente com a execução de testes em que o empreendedor possa verificar cada elemento de seu modelo de negócios. O aprendizado validado é a principal métrica para isso em uma startup.

Para explicar melhor: ao final das avaliações com o MVP, serão feitas análises das métricas definidas a fim de validar a hipótese testada e, com base nesses resultados, você terá um aprendizado que foi validado de maneira real. Essas métricas, chamadas de acionáveis, devem ser relativas a pontos-chave do negócio, oferecendo informação necessária para a tomada de decisões de maneira mais imediata. Por exemplo: você poderia medir o número de acessos ao seu site a partir de um link de um parceiro. Isso permite avaliar o impacto, indicando se é interessante ou não manter a parceria.

São os dados obtidos por meio do aprendizado validado que vão direcionar a organização na construção da solução certa para o problema certo e voltada para as pessoas certas. Numa condição ainda de incertezas dentro da empresa, apresentar o aprendizado validado como métrica no lugar de planejamento com informações sobre receita e lucro é bem mais real.

- MVP

Nesse método criado por Eric Ries, um dos maiores erros cometidos pelos empreendedores é não realizar as validações antes do lançamento do produto. Para evitar que isso aconteça – e que, consequentemente, se perca tempo e dinheiro –, surge o MVP. O Minimum Viable Product, ou Produto Mínimo Viável, pode ser definido como uma versão beta de sua mercadoria, simplificada e com suas principais funcionalidades, desenvolvida de maneira mais ágil e menos custosa a fim de ser apresentada ao público-alvo e receber feedbacks.

O MVP pode ter diversos formatos, como um protótipo simples, um vídeo explicativo ou um serviço de concierge, tudo a depender do que você precisa validar. Ele é o instrumento de testes para os três pilares propostos pela metodologia Lean e o importante é que consiga lhe entregar o aprendizado validado estabelecido no início do loop, auxiliando na antecipação de problemas ou até na redefinição de estratégias. Para fazer o seu, é necessário que você já conheça as hipóteses sobre o público e sobre sua proposta de valor a serem formuladas. Partir para o MVP sem que seja resolvido é um erro.

Antes disso, então, é sempre válido continuar trabalhando em diversas opções de um modelo de negócio. Entenda seu mercado e procure indicadores macro e micro, tenha um perfil de cliente já definido, entenda o contexto em volta de seu empreendimento, pesquise concorrentes e outras soluções que eles podem estar ofertando. Quanto mais informações, melhor, pois é com elas que o empreendedor vai definir indicadores e métricas para avaliar o desempenho do MVP quando ele estiver interagindo com seus consumidores.

Lembre-se de que o MVP precisa estar no ponto de equilíbrio entre tempo, recursos investidos e a forma como o valor dessa mercadoria será apresentada aos futuros compradores. Nem sempre é fácil chegar a ele, e diferentes modificações e tentativas podem ser feitas ao longo do caminho. É a hora de pivotar, ou fazer as correções de curso para testar novas hipóteses sobre a mercadoria, a estratégia ou o motor de crescimento.

Tenha em mente ainda que, no final, todo esse processo valerá a pena em razão da economia de não investir recursos em algo que talvez já esteja saturado no mercado. Apesar de não existir uma fórmula mágica do sucesso, esse sistema pode ser útil no sentido de lhe ajudar a ser mais ágil, assegurando o teste de uma ideia junto ao público também de maneira mais econômica.

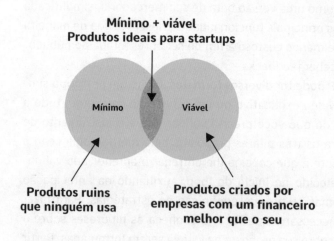

- Split tests (ou testes A/B)

Apesar de não terem sido inventados para a Lean startup, os Split Tests, também chamados de testes A/B, funcionam bem quando você precisa validar hipóteses e funcionalidades de um produto ou serviço. Assim como o MVP, eles surgiram para evitar desperdícios, poupando o desenvolvimento de algo que os consumidores possam não considerar útil no futuro. A ideia é disponibilizar diferentes versões a determinados grupos de clientes e, a partir disso, ter um feedback de como eles reagiram a cada uma delas.

No caso de uma nova funcionalidade, por exemplo, ela pode ser oferecida a quem provavelmente teria interesse, mas, ao tentar acessá-la, os indivíduos podem ser direcionados para um protótipo ou até para uma página falsa na qual recebem uma explicação a respeito desse recurso e podem deixar suas opiniões. Dessa maneira, a empresa consegue extrair diversas métricas e aprender mais sobre o que é melhor para seus usuários.

METODOLOGIA AGILE

Assim como o Lean, o Agile é um termo bastante comentado no mercado das startups e também está ligado às metodologias rápidas. Entendido como alternativa para superar de maneira mais dinâmica obstáculos no desenvolvimento de softwares, hoje esse modelo, que na verdade agrupa um conjunto de práticas, é adotado em empreendimentos de diversas outras áreas e se utiliza de uma abordagem interativa, com etapas curtas para se planejar e desenvolver.

Lançado em 2001, o Manifesto Ágil agrupa quatro valores e alguns princípios a serem seguidos. Entre os valores apresentados no documento, estão os de que indivíduos e interações devem ser priorizados em relação a processos e ferramentas; a produtividade é mais valiosa que uma documentação completa; colaborações com clientes são mais importantes que contratos; e responder adequadamente às mudanças é preferível em vez de seguir o planejamento inicial.

Dessa forma, o objetivo é trazer os benefícios ágeis para a gestão de projetos e ainda para a administração do empreendimento, uma vez que a volatilidade do mercado exige respostas cada vez mais rápidas. Para isso, é preciso que a empresa seja flexível para se adaptar e saiba aproveitar novas oportunidades que aparecem. Aqui, também há uma reavaliação contínua do produto ou serviço, e a comunicação precisa estar azeitada para que as decisões sejam tomadas rapidamente.

Um ponto importante: se você tem dificuldade em manter entregas, produtos com requisitos diferentes dos desejados pelo cliente, além de um time sem integração, essa filosofia pode ser muito útil. O Agile é indicado quando o produto final não estiver claramente definido, quando alterações precisem ser implementadas durante todo o processo, quando os desenvolvedores forem adaptáveis e puderem pensar de maneira independente e quando for necessário otimizar a produção.

Nesse método, as etapas do desenvolvimento são feitas de maneira interativa e incremental, em pequenos ciclos de tempo que buscam a entrega de partes de um todo. Por isso, a cada interação, o que se busca é a construção, a entrega e a validação dessa pequena parte do produto final que está sendo desenvolvido. É como se fosse distribuído um rascunho e, depois, feita uma revisão com base nas sugestões do editor. A peça nunca é entregue inteiramente de uma vez.

Vem daí a necessidade de uma boa comunicação; da aproximação com o cliente, que também deve avaliar, reavaliar e validar constantemente os pequenos "pedaços"; e das respostas rápidas. Para que possa ser efetivamente implementado, o Agile requer foco na mudança de atitude dos colaboradores. Muitas vezes é preciso até alterar a estrutura organizacional para que as ações tenham como base a colaboração e a agilidade.

Uma empresa que adotou a metodologia foi a British Telecom. A mudança veio em razão de problemas causados pelo antigo modelo utilizado até então, como o grande número de intermediários nos projetos, um processo de aprovação complexo e prazos de desenvolvimento difíceis de serem alcançados, o que gerava pressão nas equipes. Tudo isso foi modificado a partir dos métodos ágeis.

Com o Agile, foram adotadas medidas como a realização de reuniões com a participação de todos, incluindo os acionistas; o estabelecimento de prioridades rígidas; a concentração em histórias que gerassem valor comercial e a criação de bônus financeiros para os times que alcançassem os marcadores de sucesso. Os resultados foram impressionantes: os ciclos de entrega caíram de doze meses para noventa dias!

Efeitos igualmente admiráveis foram alcançados também na Cisco, que aplicou a metodologia em um de seus produtos, a plataforma de faturamento de assinantes. Acostumada a ter células separadas e focadas em cada etapa do processo – design, criação, teste e implantação –, a empresa estava perdendo prazos e era comum que colaboradores tivessem que fazer hora extra para concluir projetos.

Em 2015, a Cisco decidiu implantar o Scaled Agile Framework (SAFe), um conjunto de padrões de organização e fluxo de trabalho. Reuniões diárias de quinze minutos para a definição das tarefas viraram uma constante e o instrumento ainda proporcionou mais transparência, uma vez que cada colaborador sabia o que os outros estavam fazendo. De quebra, os times ganharam a capacidade de se autogerenciar.

Apesar das horas extras terem sido extintas, houve um aumento na frequência de lançamentos – ou seja, a produtividade cresceu. Além disso, graças à interação dos núcleos internacionais, foram registradas uma redução de 40% nos defeitos críticos e principais nos produtos apresentados e uma melhoria de 14% na chamada Eficiência na Remoção de Defeitos.

O SCRUM

Na filosofia Agile, alguns frameworks – conjuntos de técnicas, ferramentas ou conceitos predefinidos – são bastante utilizados para colocar em prática e gerir o desenvolvimento ágil. Um deles é o chamado Scrum, muito usado justamente por sua forma dinâmica de trabalho. Também surgido entre as equipes de desenvolvimento de software, já há algum tempo ele vem sendo colaborador na gestão de Tecnologia da Informação, na administração das empresas e em outros projetos que necessitem de uma abordagem do tipo.

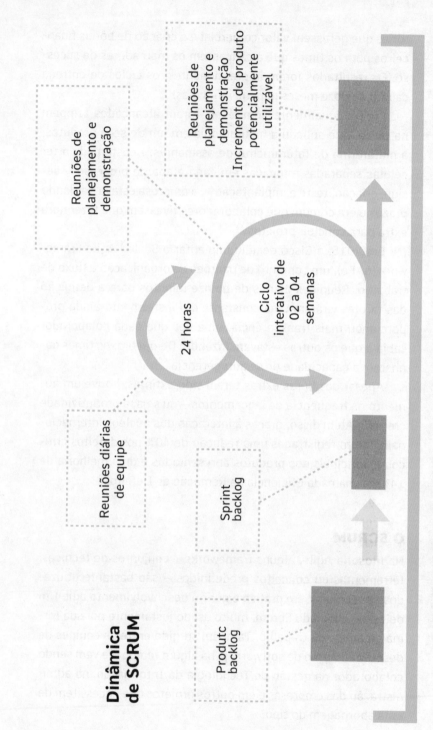

Em resumo, podemos dizer que, com o Scrum, as várias atividades necessárias na linha de produção de um negócio acontecem de maneira mais simples e com alta resolutividade. Reuniões demoradas estão totalmente descartadas aqui. Entre essas atividades estão o planejamento do sprint, o daily scrum e a retrospectiva do sprint.

Não sabe o que todos esses nomes significam? Os sprints são ciclos de tempo bem definidos que costumam durar de duas a quatro semanas, período no qual as equipes de cada projeto devem desenvolver as ações esperadas delas. Ou seja, no planejamento, ficam definidas quais atividades serão realizadas e as estimativas de tempo para cada uma.

Já os daily scrum são pequenas reuniões diárias com o objetivo de acompanhar o desenvolvimento das tarefas e encontrar possíveis dificuldades a serem resolvidas o mais rápido possível. Todo o time Scrum deve estar presente. Por fim, a retrospectiva do sprint é a reunião final para saber o resultado, colher um feedback sobre o andamento do projeto. Nela também são abordados os principais desafios enfrentados.

Acontece que, para que tudo isso funcione, são fundamentais algumas definições. Uma delas diz respeito ao papel de cada colaborador, que deve estar bem definido para que ninguém confunda suas responsabilidades. No Scrum, temos três "personalidades": o product owner, que representa o cliente e estabelece as prioridades; o scrum master, líder da equipe que tem como obrigação manter a metodologia em funcionamento e realizar as adaptações necessárias; e o time scrum, composto de profissionais multidisciplinares.

Outra definição necessária é quanto aos documentos. Apesar de não serem prioridade em metodologias ágeis, aqui trabalhamos com três deles: o product backlog (lista de prioridades, que podem mudar, criada pelo product owner com as principais tarefas); o sprint backlog (lista com todas as ações a serem feitas durante um sprint); e a definição de pronto (cada uma das tarefas deve contar com uma definição de pronto para que uma estimativa de tempo seja formulada).

O Scrum popularizou-se tanto que até mesmo o FBI, a polícia federal norte-americana, aderiu a esse framework. A aplicação veio como forma de salvar o projeto Sentinela, um sistema de integração de todas as forças de segurança dos Estados Unidos. Depois de dez anos de trabalho e de um gasto de 600 milhões de dólares, ele estava perto do cancelamento por não estar pronto. Foi a metodologia que permitiu que fosse implantado no prazo, com o custo planejado e dentro do escopo previsto.

Para isso, o trabalho foi organizado em 670 histórias de usuários a serem desenvolvidas em 21 sprints, cada uma com duração de duas semanas. Ao final de cada sprint, a equipe de desenvolvimento testava e demonstrava o sistema. Apenas as histórias que passassem nos testes eram consideradas concluídas. Os processos melhoraram tanto que foi possível fazer em dois anos o que não havia sido feito em uma década.

Com o sucesso, métodos ágeis foram levados também para outros órgãos do governo dos Estados Unidos, como o Departamento de Defesa, o Gabinete de Prestação de Contas do Governo, o Escritório de Patentes e Marcas, o Departamento de Relacionamento dos Veteranos, a Secretaria da Receita Federal e até mesmo a Nasa.

ESCOLHENDO A MELHOR METODOLOGIA

Provavelmente, chegamos ao ponto mais aguardado até aqui depois de tudo o que foi exposto. As metodologias e as técnicas para tornar uma empresa mais ágil são muitas, e a escolha da melhor vai depender de cada gestor e também do tipo de negócio tocado por ele. Por mais que todas sejam satisfatórias e capazes de potencializar resultados, é você que vai analisar e dizer quais se adaptam melhor aos projetos e ao momento atual do seu empreendimento. Cada uma atende a determinados requisitos enquanto deixa de priorizar outros.

O tipo da sua organização, a duração e a complexidade de cada projeto desenvolvido por você, as tecnologias utilizadas e também a quantidade de pessoas e equipes envolvidas são fatores que precisam influenciar diretamente sua escolha e decisão. Lembre-se ainda de fazer essa avaliação junto com os colaboradores, pensando nas características positivas e negativas e nos pontos fortes e fracos de cada um dos métodos.

Vale ressaltar, porém, que, em certos casos, é possível combinar metodologias diferentes e reduzir drasticamente o risco de falhas. Tanto o Lean quanto o Agile levam em consideração o usuário final por meio de um feedback direto dele — o que garante que nenhum produto ou serviço seja criado em vão, sem um propósito para o consumidor. Só é necessário ficar atento às mudanças demandadas por algumas dessas ferramentas, que por vezes exigem a alteração da cultura organizacional.

Ao escolher, saiba que será preciso realizar as adaptações necessárias para que a aplicação seja viável, além de treinar os colaboradores envolvidos no processo. Mesmo com todas as técnicas, os resultados não aparecem caso eles não assimilem e realmente comecem a trabalhar seguindo esse conceito, que deve atravessar todo o processo produtivo da empresa, da aquisição feita ao fornecedor à entrega final ao cliente.

6

TRABALHANDO COM SQUADS

83 Tribes, chapters e guilds
86 Desafios, vantagens e desvantagens
89 Times x squads
90 O uso da gamificação
92 A importância do ambiente

J á falamos da Gestão de Pessoas, então é hora de apresentar os squads. Pode até parecer moda, já que hoje em dia quase toda startup tem os seus. São os esquadrões, as equipes multidisciplinares que vêm ganhando cada vez mais espaço por seu modo otimizado de trabalho. Sim, porque, embora ainda comum, aquela forma onde departamentos de marketing, finanças ou tecnologia trabalham separadamente, liderados por alguém do mesmo ramo, tem ficado cada vez mais no passado.

Essa transformação, inspirada pelas chamadas práticas ágeis, tem como eixo central o redesenho do organograma. O conceito é simples: profissionais de diferentes áreas são agrupados em células multidisciplinares com um objetivo específico, colaborando juntos em determinado projeto, produto ou *feature* (recurso). Nesse modelo organizacional, eles têm autonomia para tomar decisões, contato direto com stakeholders, e se movem com agilidade. Tudo para tornar a empresa mais rápida, adaptável e eficiente.

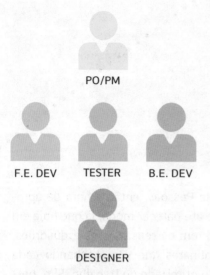

O termo "squads" faz alusão ao conceito militar de esquadrões, pequenos grupos de soldados com diferentes especialidades, do comandante ao atirador de elite, do médico ao engenheiro. Por isso, não é difícil entender porque em muitos empreendimentos, essa metodologia vem sendo utilizada como um facilitador para escalar a agilidade e encontrar soluções de maneira mais rápida, visto que, em vez de cada setor trabalhar uma parte do problema ou do projeto, formam-se grupos compostos de um especialista de cada campo para trabalharem juntos.

Ao contrário do padrão antigo, com esse método, os profissionais de marketing atuam junto aos de programação e aos da área de vendas, por exemplo, e os ganhos são muitos: enquanto o marketing tradicional precisa acionar a TI e aguardar na fila caso queira fazer um teste, com os squads, isso não acontece. Pequenos, com não mais que dez pessoas, esses grupos se sentam num mesmo espaço físico, respirando as mesmas adversidades e contratempos e, em razão da própria multidisciplinaridade, as respostas vêm mais facilmente.

Porém, não se iluda! Para que isso possa acontecer, de fato, é preciso realmente abrir mão da cadeia de hierarquia comum. A ideia aqui é que eles se auto-organizem. Toda pessoa pode e deve dar sua opinião a respeito dos setores envolvidos; embora não haja um líder, cada squad tem um gerente de produto, responsável por definir as prioridades e responder pelo desempenho perante a direção. Ainda assim, ele está no mesmo nível hierárquico dos demais.

Outro aspecto a ser considerado é a autonomia, garantindo que o squad possa desenhar sozinho o caminho do resultado de determinado problema. Na prática, pense como se fossem uma "miniempresa" na qual os grupos levantam suas hipóteses, promovem testes, aprendem com eles e adequam a rota de acordo com os resultados. A filosofia prega a descentralização, a transparência, a adaptação e a evolução constante. Caso isso não esteja claro, o modelo organizacional não vai dar certo.

Além disso, para que a metodologia funcione, é preciso ainda colaboração, muita colaboração, diga-se de passagem. Daí a necessidade de ter profissionais que saibam trabalhar em equipe, sejam ágeis, entendam a importância da decisão baseada em dados e apostem na evolução constante do negócio. Só que nem tudo isso basta. É fundamental ainda que haja comunicação. E como fazer com que todo mundo se comunique bem? Esse é o papel de tribes, chapters e guilds, três fatores que mantêm alinhados os objetivos do negócio.

TRIBES, CHAPTERS E GUILDS

As tribes – ou, traduzindo em bom português, tribos – são conjuntos que trabalham em determinada área. Uma tribe é a junção de dois ou mais squads. Por exemplo: se sua empresa conta com uma tribe de infraestrutura, dentro dela estarão presentes os diversos squads que atendem às demandas desse campo. Como apresentam objetivos similares, precisam estar em maior conexão e se reúnem periodicamente para apresentar seus trabalhos e compartilhar conhecimento.

Assim como os próprios esquadrões em si, elas precisam de seus guias e em geral ocupam os mesmos lugares físicos, o que não só facilita, como também estimula a troca de informações. No Spotify, a plataforma de streaming de música, as tribes têm

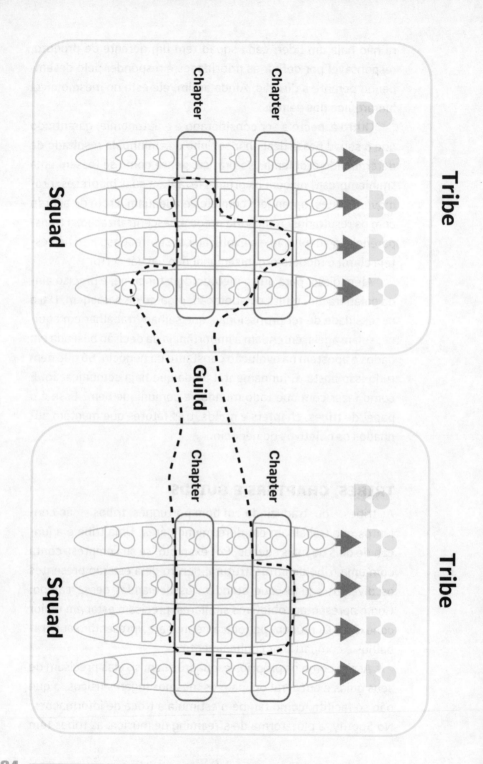

no máximo 100 colaboradores, pois, de acordo com o conceito do "Número de Dunbar", essa é a quantidade máxima de pessoas com as quais conseguimos manter relações saudáveis e informais em um ambiente de trabalho.

Já os chamados chapters são áreas de competência, como desenvolvimento, qualidade etc., e são responsáveis por garantir uma comunicação efetiva dentro das tribes. São eles que asseguram a troca de informações entre os squads e mantêm o processo coeso e unido. Podemos usar o setor de tecnologia como uma ilustração: todos os colaboradores dessa esfera precisam estar informados e alinhados entre si a respeito do que acontece em cada grupo.

Resumindo, os chapters são como pequenas famílias que possuem habilidades parecidas e trabalham com as mesmas competências em diferentes squads de uma mesma tribe. É por meio deles que a companhia consegue acesso às economias de escala — ou a máxima utilização dos recursos como forma de aumentar a rentabilidade e incrementar produtos e serviços. Cada chapter possui um chapter lead, um gerente de linha que atua no apoio ao desenvolvimento de determinada competência.

Por fim, os guilds são aqueles grupos formados por colaboradores de qualquer área, mas que se interessam por um assunto em comum. O interesse faz com que eles se juntem para manter uma comunicação. Sendo assim, de caráter voluntário, são comunidades de práticas focadas em um tema específico, que podem atravessar diferentes tribes, squads e chapters. Essa troca constante de conteúdos entre territórios complementares é de grande valor e ajuda a garantir informações e insights valiosos. Geralmente, as reuniões são abertas a todos.

Depois de ganhar o Vale do Silício, esse formato tem se popularizado cada vez mais no mundo. Não é difícil entender o porquê, uma vez que o tipo de divisão facilita a autonomia e o compartilhamento de experiências. Aplicando conceitos da economia colaborativa, a metodologia promete resultados rápidos, efetivos e bem mais satisfatórios.

DESAFIOS, VANTAGENS E DESVANTAGENS

Como já dissemos, um dos maiores desafios de dividir os colaboradores em squads é a priorização da comunicação interna. Mesmo que as equipes sejam de alta performance – e é o que se espera –, ter grupos trabalhando em projetos diferentes requer que eles estejam se atualizando constantemente do que acontece em outros times. Isso otimiza o tempo caso surja algum erro que necessite de replanejamento.

Outro obstáculo para quem quer implantar os squads é superar a cultura hierárquica que ainda domina a ideia de gestão construída pela maior parte das organizações, sejam elas grandes ou pequenas. Muitas vezes, abandonar velhos modelos pode resultar em práticas mais ágeis de autonomia, descentralização e transparência. Só tenha em mente que, caso isso não esteja claro tanto para as lideranças quanto para os colaboradores o modelo não funcionará.

Antes de qualquer mudança, ainda é fundamental que você avalie vantagens e desvantagens e veja o que se adequa melhor ao seu negócio, visto que optar por uma nova modelagem de trabalho vai impactar toda a cultural organizacional. Debruce-se sobre o que os squads podem trazer de bom e faça uma análise do custo-benefício para sua empresa. Um deles, por exemplo, é a maior agilidade na realização dos projetos, uma vez que a burocracia do modelo administrativo tradicional é reduzida.

Como? A explicação é simples: como toda a execução do projeto se dá em um grupo reduzido de pessoas, são necessárias menos reuniões e as decisões saem mais rápido. Além disso, conflitos de horários, prazos e objetivos costumam desaparecer, sobretudo porque o senso de coletividade entre os membros do squads costuma ser forte – até porque toda a responsabilidade está depositada naquele pequeno "exército". Em geral, também costuma haver remuneração ou premiação com base no desempenho, o que aumenta o engajamento e a dedicação.

Isso, inclusive, motiva a colaboração em funções distintas das definidas para cada membro. Assim, um mesmo colaborador acaba contribuindo de variadas formas, fazendo com que

A filosofia do squad prega a descentralização, a transparência, a adaptação e a evolução constante.

a capacidade intelectual de cada um seja aproveitada ao máximo, obtendo mais eficiência e gerando oportunidades para que o colaborador possa aprender mais e conhecer na prática cada atividade. No fim das contas, todo mundo ganha.

Contudo, é claro que nem tudo são vantagens. Enquanto confere agilidade, a autonomia dos squads também é um fator de risco, pois não são todos que conseguem lidar com essa liberdade ou trabalhar em uma equipe autogerenciável. Sem um preparo adequado, é provável que ocorram erros na definição de prioridades e na entrega de resultados, que podem estar desalinhados com as metas da companhia.

Um segundo aspecto a ser observado é a resolução de problemas, que passa a ser responsabilidade de cada squad. Se eles não estiverem capacitados para tal, isso pode ser uma desvantagem. Assim, torna-se fundamental que cada profissional esteja ciente do compromisso e pronto para reavaliar seus hábitos de trabalho. Perceba que implantar essa metodologia exige adaptações, como programas de desenvolvimento de liderança e gestão de desempenho.

Com mais de 60 milhões de usuários em todo o mundo, a sueca Spotify é um bom *case* sobre o uso de squads. A empresa, responsável por aplicações na web e em mobile de streaming de música, foi quem começou, em 2012, com essa ideia, e hoje é conhecida como referência na organização de equipes orientadas para atender cada um de seus produtos. Quando seu primeiro player foi lançado, em 2008, a organização era focada em Scrum – uma abordagem de desenvolvimento muito ágil sobre a qual já falamos. Com o crescimento, porém, ela percebeu que algumas práticas já não se encaixavam mais, adaptando suas táticas para melhorar os ganhos.

Os grupos de trabalho foram renomeados para squads e se tornaram autônomos. Cada um ganhou uma missão a longo prazo – como, por exemplo, tornar o Spotify o lugar ideal para colecionar músicas e escutá-las – e logo todos os escritórios da companhia foram otimizados para atender às necessidades desses squads. Deu tão certo que o método passou a ser adotado mundo afora.

No Brasil, duas empresas que se organizam de maneira similar são a ContaAzul, uma startup de Joinville focada em Gestão Financeira de pequenos e médios empresários; e o Nubank, que vem revolucionando o relacionamento das pessoas com instituições financeiras. Nos dois casos, o processo tem se refinado a cada dia para que seja ajustado às características e à realidade dos empreendimentos e da cultura brasileira.

TIMES X SQUADS

Em geral, os squads são formados levando em consideração uma finalidade específica. Por isso mesmo, depois de completar determinada missão, eles podem se desfazer – o que não significa que não possam se reagrupar posteriormente para uma nova tarefa. Essa é a principal diferença entre eles e os times, outro modelo organizacional que também agrega colaboradores com especialidades diferentes.

Ambas as estruturas têm semelhanças e diferenças. Com relação aos objetivos, por exemplo, eles costumam ser sempre os mesmos entre os times, enquanto nos squads são diversos à medida em que vão surgindo – às vezes a resolução de problemas de aquisição de clientes, em outras na experiência de atendimento do usuário e por aí vai.

Na divisão em times, o propósito não será alterado tão cedo e os integrantes daquele grupo trabalharão debruçados sobre ele. Já no squad não há um escopo fixo e cada um terá um novo objetivo de tempos em tempos, definido de acordo com a lista de prioridades da empresa. Por isso mesmo, o agrupamento leva em consideração as especialidades demandadas para aquele trabalho em específico.

E aí o rodízio de integrantes costuma ser regra, pois cada novo ciclo de metas diferentes agrupará pessoas diferentes. Já em uma estrutura baseada em times, esse revezamento não acontece tanto, visto que trocar os membros pode ser prejudicial para a performance – como os objetivos continuam os mesmos, antigos integrantes acabam perdendo tempo passando conhecimento para os novos.

Contudo, ainda assim é importante certa rotatividade para democratizar o conhecimento entre os times. Isso porque, usando o exemplo da tecnologia, como o escopo dos squads muda frequentemente, é comum que desenvolvedores conheçam mais partes do sistema. É exatamente por isso que o rodízio, que faz as informações circularem, possibilitando que a gestão do conhecimento seja colocada em prática, é tão importante.

Note ainda que saber qual dos dois modelos é melhor para seu negócio vai depender mais do perfil dos profissionais que você tem na equipe. Os squads costumam funcionar bem em empresas com colaboradores mais experientes e com um senso de missão bastante alto – uma vez que, diante de um problema, quem vai decidir como resolvê-lo da melhor maneira é o squad, e não o stakeholder ou a diretoria.

Já a estrutura de times é mais flexível, abraçando tanto os experientes quanto aquelas pessoas mais inexperientes. Como a complexidade é menor e a mudança de missões é menos frequente, cada um tem mais tempo para se adaptar e virar especialista. O importante é encontrar uma estrutura que funcione em seu empreendimento, levando em consideração sua própria cultura empresarial e a dinâmica de mercado e clientes.

O USO DA GAMIFICAÇÃO

Seja com squads ou times, uma ferramenta importantíssima para melhorar a performance de seus profissionais é a gamificação. Isso porque os seres humanos são movidos a competição e trazer isso para o mundo corporativo faz todo sentido, desde que a técnica seja utilizada para manter as equipes focadas e, ao mesmo tempo, entretidas, algo que se configura em um enorme desafio para as organizações.

A palavra, originada do termo em inglês *gamification*, diz respeito ao uso de jogos, majoritariamente virtuais, para cativar os colaboradores por intermédio de desafios e bonificações. É uma metodologia de treinamento diferente, mas ainda assim com o intuito de melhorar o desempenho geral. Ou seja, o objetivo principal é qualificar os "jogadores", que ganham recompensas após cada ação bem executada.

O jogo, dessa maneira, deve ser utilizado como uma forma de incentivar o colaborador a conhecer melhor sua área ou memorizar determinadas informações. As atividades podem ser das mais diversas, desde jogos de criação, simulação e tabuleiro até julgamentos, em que cada colaborador assume um papel – eles podem ser advogados de defesa, promotores, juízes e cada um precisa defender seu ponto de vista. Além do conteúdo ser fixado com mais facilidade, ele é entendido de maneira mais profunda.

Com a gamificação, o profissional é levado a analisar situações da própria rotina a partir de outros ângulos, experimentando conclusões diferentes daquelas às quais está acostumado e lidando com adversidades em um cenário controlado, o que o ensina como agir caso aquela situação um dia se torne real. Agora, para colocar tudo isso em prática, é necessário que se identifique os gargalos da empresa e se ajuste os jogos às políticas internas dela.

O interessante é que a técnica pode ser utilizada em várias frentes, desde um processo seletivo (avaliando alinhamento à cultura interna, habilidade técnica e comprometimento do candidato) até a aplicação na equipe de vendas. Uma sugestão é iniciar justamente por esse departamento, que normalmente já tem um perfil competitivo. Uma boa experiência que podemos citar aqui foi a implantação desse modelo no departamento comercial em uma empresa de logística.

Com a equipe comercial separada em quatro times, a cada ano selecionamos um tema. O último foi a Champions League e cada time escolheu seu capitão, cuja função não era cobrar, mas motivar. Também tivemos premiações tanto para a equipe como para o artilheiro, o que permitia que mesmo aquela que tinha ido mal pudesse ter um destaque individual, mas sempre atrelando ao crescimento da empresa. O mais importante, porém, foi mesmo a maneira como foi feito o endomarketing, interagindo e incentivando a competição saudável.

Vale lembrar que mesmo com dois vendedores já é possível construir um modelo que posteriormente poderá ser estendido para outros departamentos. Dar um retorno sobre o desempenho de cada um é essencial, pois isso direciona os colaboradores no caminho certo. Os feedbacks estimulam e impulsionam a busca por novas soluções.

Também é bom ressaltar que a gamificação pode ser utilizada em só com seus times e squads, mas também de maneira externa, em seus produtos – como é o caso de aplicativos para aprendizagem de idiomas, por exemplo. Ela também pode servir para o *user onboarding*, o processo de aumentar a percepção de valor de um usuário em seu primeiro contato com o produto. Bem-feita, essa é uma ferramenta poderosa para o processo de experimentação de um empreendimento e, consequentemente, para sua escalabilidade.

A IMPORTÂNCIA DO AMBIENTE

Assim como a gamificação, a flexibilização do ambiente de trabalho é outro aspecto capaz de auxiliar na melhoria da produtividade em sua empresa – sendo útil, ainda, em casos de expansão rápida ou nova organização. Essa nova formatação incentiva a colaboração entre os colaboradores e, desse modo, uma grande tendência tem sido derrubar paredes e abrir os espaços onde as pessoas possam sentar juntas, sem diferenciação entre cargos e departamentos.

É verdade que isso pode deixar o local um pouco barulhento, mas, em contrapartida, facilita a integração da equipe. Não esqueça, entretanto, que a privacidade também é importante, sobretudo em tarefas que exijam maior concentração ou a solução de um problema. Para resolver a situação, disponibilize pequenas salas de reunião que se adaptem para esse fim, facilitando a modificação quando for necessário.

Se seu negócio muda muito rápido de fase – e até um novo cliente pode fazer crescer o time –, uma boa saída é ter o aluguel de móveis em mente, principalmente pensando que pode precisar aumentar o número de lugares para que os colaboradores façam suas atividades. A solução tem um bom custo-benefício e ainda traz praticidade para o dia a dia.

O importante é encontrar uma estrutura que funcione em seu empreendimento, levando em consideração sua própria cultura empresarial e a dinâmica de mercado e clientes.

7

CUIDADO COM SEU DINHEIRO – A GESTÃO FINANCEIRA

102 Os erros mais comuns

103 Fazendo a contabilidade

106 Algumas ferramentas para a Gestão Financeira

Não é segredo para ninguém que manter uma empresa viva no Brasil é tarefa difícil. Segundo o Instituto Brasileiro de Geografia e Estatística (IBGE), mais de 60% dos empreendimentos fecham as portas após cinco anos de abertura. Os motivos para isso podem ser vários, mas um dos mais comuns é a falta de uma gestão eficiente das finanças. Sem um planejamento financeiro adequado, de nada adiantam as pessoas certas, os produtos e os serviços inovadores, pois não há negócio que resista.

O fato é que nem todo empreendedor tem um bom conhecimento sobre a área financeira, aliás, isso pode ser dito sobre a maioria. Assuntos como fluxo de caixa, despesas, tributos e contabilidade por vezes acabam sendo deixados de lado, mas não deveriam. Quanto mais informações sobre essas questões o empresário possuir, melhor, uma vez que ter tudo isso sob controle e bem gerido é o que permite que o negócio sobreviva e cresça. Além do mais, vale lembrar que ter uma casa arrumada, sabendo seu histórico financeiro, ajuda a ter bons resultados e a tomar decisões mais concisas.

Por isso, é fundamental estudar sobre o tema, conhecer as melhores práticas e ferramentas disponíveis no mercado, visto que o domínio sobre o assunto garante também uma série de vantagens competitivas. Softwares voltados a um melhor controle das finanças podem auxiliar nesse sentido, mas falaremos sobre eles mais adiante.

Assim, vamos voltar um passo para lembrar quão imprescindível é ter em mente que uma gestão bem realizada das finanças precisa ser parte da vida de qualquer empresa – e melhor ainda quando ela é pensada lá do começo, ainda no estágio do planejamento. Mesmo se estiver em fase de desenvolvimento, é fundamental que exista em sua estrutura um organismo coeso fazendo essa função, garantindo sustentabilidade e crescimento consistente.

Já deu para entender, então, que a Gestão Financeira precisa ser um dos pilares de um negócio bem-sucedido, certo? Para alcançá-la, porém, é preciso atenção a alguns pontos:

- Cuidado com os custos: Esteja atento aos seus custos fixos e variáveis. A manutenção de uma empresa requer gastos de diversas fontes e é preciso que eles estejam rastreados para que você saiba para onde vai o dinheiro. Os custos podem ser classificados em Custo dos Produtos Vendidos (CPV), Custo das Mercadorias Vendidas (CMV) ou Custo dos Serviços Vendidos (CSV), enquanto as despesas variáveis mudam de acordo com a quantidade vendida, como comissões e impostos. Nas organizações mais tradicionais, os custos variáveis costumam estar ligados à demanda de produção e à matéria-prima, enquanto nas startups eles geralmente estão atrelados à mão de obra. Seja como for, o importante é conhecer esses custos e suas oscilações. Tudo isso precisa ser revisado com frequência e nenhum elemento novo deve ser acrescentado sem uma análise prévia. Manter apenas despesas realmente necessárias facilita que o negócio seja escalável.

- Conheça sua margem de lucro: Com esses dados à disposição, você tem como conhecer melhor a margem de lucro, a porcentagem da receita que resta após a dedução de todos os custos, depreciação, juros, impostos e outras despesas ligadas aos produtos. Custos devidamente registrados mostram quanto o negócio está lucrando de fato, permitindo ainda uma análise do desempenho da carteira de produtos, caso esteja produzindo e vendendo mais de um. Lembre-se da Gestão do Conhecimento e de quanto a informação é preciosa: sabendo de tudo isso, fica mais fácil decidir, por exemplo, se é melhor continuar ou não determinada produção — o que garante um portfólio que traga um retorno sobre os investimentos.

Em resumo, a margem de lucro é a porcentagem adicionada aos custos totais e mostra quanto aquela companhia ganha em cima de suas vendas. Para calculá-la, basta dividir o lucro pela receita e depois multiplicar esse resultado por cem (margem de lucro = lucro/receita x 100). Para avaliar uma margem de lucro ideal, você pode focar em dois aspectos: a formação do preço de venda e o retorno esperado para o capital investido.

- **Calcule a margem de contribuição:** A margem de contribuição é um dos indicativos financeiros mais importantes para um empreendimento e pode ser entendida como quanto o lucro da venda de cada produto contribui para que a empresa possa cobrir seus custos e suas despesas fixas e ainda assim gerar lucro. Ter essa margem calculada auxilia ainda na precificação correta de seu produto ou serviço. Quando o valor total das despesas fixas for menor que a margem de contribuição, você terá lucro. Ela é igual à receita de vendas menos os gastos (margem de contribuição = receita de vendas - gastos). Sem conhecer esse fator, a organização pode até vender bastante, mas ainda assim ter prejuízo.

- **Controle seu fluxo de caixa:** Esse é mais um passo importante rumo a uma melhor Gestão Financeira. Muitas companhias grandes acabam não tendo sucesso em registrar suas receitas e despesas de modo detalhado, algo que as startups, por terem uma estrutura menor, tendem a fazer de maneira mais satisfatória. São esses registros que devem ter todas as movimentações econômicas, com entradas e saídas de qualquer valor, que possibilitam conhecer o negócio por dentro e saber o rumo das finanças.

Sem contar que os números ainda permitem identificar quais contas mais consomem recursos e quais as maiores fontes de receita. Esse fluxo precisa ser atualizado a cada novo gasto ou recebimento e também deve ter um período definido, ou então corre-se o risco de perder a objetividade – é o tempo delimitado que vai demonstrar resultados e saldos. Em geral, a periodicidade é mensal, mas pode ser quinzenal ou até semanal, de acordo com a necessidade do negócio. Fazer projeções a partir do fluxo – com valores de notas fiscais já emitidas ou recebidas, por exemplo – ainda pode revelar a necessidade de capital no futuro, dando tempo para que o empreendedor aja.

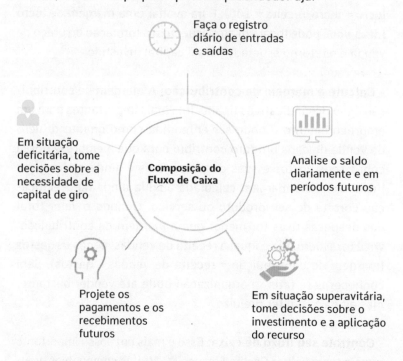

- **Tenha capital de giro:** Muita gente costuma pensar que é preciso apenas o investimento para dar o start no negócio e que, com ele funcionando, o dinheiro começa a entrar e tudo se equilibra. No entanto, não é bem assim. É fundamental que o empreendedor possua um capital de giro, ou seja, o montante necessário para que a empresa se mantenha. A reserva atua como um colchão de segurança para momentos de dificuldade financeira ou diminuição do faturamento, dando fôlego para a manutenção das operações financeiras, a exemplo de pagamento de fornecedores, salários e impostos.

Para saber o valor do capital líquido, basta somar os ativos circulantes do período (dinheiro de caixa e contas bancárias, estoque, contas a receber e aplicações financeira) e subtrair o total dos passivos circulantes (impostos, despesas com fornecedores, folha de pagamento do mês e contas do imóvel). Além de calcular esse capital, outro fator importante é saber administrá-lo. Um mecanismo eficiente é adiantar recebíveis dando pequenos descontos ao cliente, o que mantém o dinheiro girando e ainda pode auxiliar na diminuição da inadimplência.

- **Gere receita:** De nada adianta observar todos esses pontos anteriores se sua organização não for capaz de gerar receita. É alarmante ver como, na empolgação e/ou em meio à falta de organização e visão do negócio a longo prazo, os empreendedores esquecem que capital de giro e investimentos externos acabam, e é preciso ter lucro para se manter de pé. É necessário identificar suas fontes de receita de maneira clara e precisa. Elas podem vir em diversos formatos, seja da venda do produto em si ou de, por exemplo, um serviço de assinaturas como os que oferecem as plataformas de streaming de música ou TV. Taxas de utilização, licenciamento e oferecimento de pacotes premium também são modelos utilizados, mas tudo vai depender do mercado em que você está inserido.

- **Estipule indicadores financeiros:** São esses indicadores que vão mostrar o desempenho da empresa em diversas áreas. Eles podem ser muitos, mas os três mais importantes são lucratividade, liquidez corrente e ticket médio. Sobre lucratividade já falamos antes, agora vamos aos outros dois. O primeiro é a liquidez corrente, uma equação entre o que você tem a receber e a pagar num mesmo período. Por mais que lembre os cálculos do capital de giro, eles não são a mesma coisa e para chegar à liquidez corrente é preciso dividir recebíveis por dívidas de um período escolhido. Se o resultado for maior que 1, tudo bem – caso contrário, o negócio pode estar em risco.

Já o ticket médio refere-se, como o próprio nome indica, ao valor médio de cada venda. Ele é encontrado por meio da divisão do total faturado em vendas ou serviços pelas unidades vendidas. Basicamente, é o valor médio gasto nos pedidos e indica o comportamento do cliente. Ele pode ser levado em consideração na hora de fazer investimentos, uma vez que mostra o ganho de acordo com o aumento projetado, possibilitando menos riscos e retorno no menor prazo possível.

- Calcule o ponto de equilíbrio: Também chamado de Break Even Point, o ponto de equilíbrio ou de ruptura é aquele em que o lucro da organização é zero, ou seja, quando os produtos vendidos pagam todos os custos e despesas fixas e variáveis, mas ainda não sobra nada para os sócios. É somente depois dele que o que é faturado se torna lucro. Mesmo sendo um indicador simples de ser calculado, ele oferece uma informação vital para a análise de viabilidade de um empreendimento ou de adequação dele em relação ao mercado. Para chegar ao Break Even Point, basta somar as despesas fixas e variáveis para o período e dividi-las pelo volume de vendas ou pelo ticket médio. O resultado vai mostrar quanto é preciso vender ou de quanto deve ser o ticket médico para cobrir os gastos.

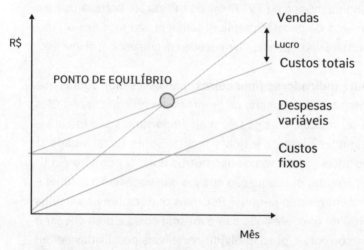

Profissionalize a gestão do negócio: Muitos empresários cometem erros comuns e que poderiam ser facilmente evitados se o negócio fosse visto de outra maneira. Uma dessas falhas, é misturar dinheiro da pessoa física com o da pessoa jurídica, ou seja, não separar contas pessoais e empresariais. Isso leva a retiradas frequentes do faturamento e complica o fluxo de caixa, promovendo um descontrole das finanças e uma eventual falta de recursos. Além

Sem um planejamento financeiro adequado, de nada adiantam as pessoas certas, os produtos e os serviços inovadores, pois não há negócio que resista.

de gastos inadequados, a mistura ainda prejudica a escrituração contábil. Para evitar situações assim, o empreendedor deve definir suas retiradas, que serão como seu salário, e segui-las à risca.

OS ERROS MAIS COMUNS

Com esses pontos abordados até agora, você consegue uma Gestão Financeira mais eficaz e, em consequência, uma empresa mais saudável. Contudo, erros também são costumeiros, principalmente no setor de finanças, que, em meio a tantas planilhas, indicadores e contratos, tem a fama de ser o campeão de processos burocráticos. É uma administração complexa que requer máxima atenção a fim de evitar falhas que podem atrasar, e muito, seu desenvolvimento.

Desse modo, um erro comum é a não automatização da Gestão Financeira. Tarefas recorrentes podem e devem ser automatizadas. Por quê? Principalmente porque, com tantos cálculos que costumam ser exaustivos nesse setor, a chance de imprecisões é bem maior se o trabalho for manual. Geração ou cancelamento de contratos e assinaturas, envio de segunda via de boletos e ações de cobrança simples são serviços que podem ser realizados de forma automática e mais segura, visto que falhas aí são capazes de impactar diretamente na satisfação do consumidor.

Perceba que o mesmo vale para a não padronização das vendas. Assim como o financeiro, o time de vendas também deve estar alinhado ao planejamento estratégico do negócio. Não ter padrões para o fechamento de um contrato pode dar margem para negociações que mais tarde vão complicar o fluxo de caixa. Além de tudo, sem uma padronização corre-se o risco de as métricas não baterem. Nos casos de regras para novas contratações, isso deve estar alinhado com o pessoal de finanças, que vai definir normas claras a serem seguidas, como desconto ou parcelamento máximos e por aí vai. Cabem aqui análise, flexibilidade e agilidade para implantar soluções. Lembre-se dos resultados que processos engessados geram.

E, uma vez que falamos em métricas, nunca é demais alertar quão imprescindível é que você esteja atento a elas. Margens de lucro e de contribuição, liquidez e ticket médio, taxa de cancelamento e do custo de aquisição e manutenção de clientes são alguns dos indicadores fundamentais para avaliar a saúde financeira. Sem eles, não se consegue enxergar o empreendimento por dentro e as decisões acabam sendo tomadas de olhos vendados, sem avaliar a segurança e a viabilidade e possivelmente prejudicando as estratégias de ação e escala.

Mais um erro clássico é o não reajuste de contratos. Se seu negócio é recorrente, você já sabe que a proposta é manter o cliente o máximo de tempo possível. Para isso, porém, é preciso pensar nos reajustes — de que adianta um contrato com valores defasados e que a cada ano perde um pouco mais de sua margem?

Esse é um assunto que costuma gerar temor nas empresas, mas algumas dicas, como estar resguardado por um termo de serviço ou contrato com os clientes sendo avisados de antemão sobre o reajuste, podem auxiliar e vão lhe mostrar que, com planejamento e alinhamento, tudo fluirá de maneira natural e esperada, não como um problema recorrente a ser resolvido. Caso não saiba quais índices usar, opte pelos de mercado como o Índice Geral de Preços — Mercado (IGP-M) ou o Índice Nacional de Preços ao Consumidor Amplo (IPCA), mas inclua uma cláusula para a possibilidade de eles serem negativos. O mais importante é ser transparente na negociação e deixar os termos bem claros para o consumidor.

FAZENDO A CONTABILIDADE

De nada adianta se preocupar com todas essas questões sobre as quais estamos tratando se você não tiver uma contabilidade sólida e analítica que vai ajudá-lo a prevenir possíveis problemas no futuro. Mesmo com custos enxutos e uma estrutura reduzida, toda e qualquer empresa precisa de uma escrituração contábil, que vai garantir um controle exato sobre as movimentações, as obrigações financeiras e o faturamento.

No caso de startups, tanto os profissionais quanto os métodos de fazer esse trabalho têm se adequado bastante, principalmente por causa do dinamismo delas e do grau de tecno-

Tenha em mente que uma gestão bem realizada das finanças precisa ser parte da vida de qualquer empresa.

logia envolvida em todos os seus setores. Para elas, apostar nisso passa ainda pelas expectativas de crescimento, uma vez que uma contabilidade bem-feita ajuda a atrair investidores e a manter uma boa relação com eles, que tendem a cobrar transparência e números exatos para as mensurações necessárias.

Vale lembrar também que essa área hoje cuida não apenas da contabilização de contas e tributos, mas possui desdobramentos em outros ramos estratégicos do negócio. Entre eles, estão o gerencial, visto que identifica, interpreta e comunica dados essenciais para que sejam atingidos os objetivos propostos; o de custos, pois aumenta o controle e ajuda na tomada de decisões; e o consultivo, que informa ao gestor os planos, as oportunidades e as possíveis expansões de mercado.

Os prejuízos para os que não realizam uma boa contabilidade também são muitos, a exemplo da opção inadequada do regime tributário, o que gera custos com impostos desnecessários, e a elaboração de relatórios imprecisos que podem levar a deliberações equivocadas. Problemas em auditorias e até um descontrole das contas, ocasionando saldos e balanços negativos, ainda devem ser citados aqui. São erros que muitas vezes acabam sendo fatais e levando à falência.

Mas, se ainda assim você não se convenceu, mostramos aqui alguns motivos para investir nisso. Um deles é o controle de custos, uma vez que, seja numa empresa grande seja numa pequena, ele é essencial para que ela sobreviva e, mais que isso, consiga escalar suas operações. Sem dados financeiros confiáveis, fica difícil controlar gastos ou descobrir aqueles adicionais que você talvez nem tenha percebido, mas que diminuem a margem de lucro.

Outro fator é a gerência sobre os indicadores. Se você vai basear sua gestão em métricas, é necessário ter parâmetros sólidos. Por meio de uma escrituração eficaz, a contabilidade ajuda na leitura deles, até porque fatores que não entram em relatórios financeiros, como o crescimento de ativos, aparecem com o trabalho contábil. Assim, é possível acompanhar o retorno sobre investimento, margens bruta e líquida, nível de endividamento, *Lifetime-Value* (LTV), entre outros.

Abordamos anteriormente a escolha do regime tributário e, se você estiver no errado, saiba que isso pode lhe custar muito. Em geral, é a assessoria contábil quem faz esse trabalho e analisa onde o empreendimento deve se enquadrar melhor. Parece fácil, mas não é, pois até os regimes simplificados trazem diversos anexos e geram dúvidas. Em paralelo a isso, o contador ainda vai ajudá-lo a ter acesso a uma série de benefícios e incentivos fiscais federais, estaduais e municipais, reduzindo a carga.

Além dos lançamentos da empresa em si, cumprindo com as obrigações com o Fisco de acordo com as normas, a contabilidade pode auxiliar na parte gerencial, extraindo dados importantes da escrituração para uso na gestão. Dessa forma, os relatórios transformam-se em instrumentos para a tomada de decisões, que passam a ter segurança jurídica, evitando processos e aplicações de multas.

Ainda na seara dos investidores, esse tipo de assessoria pode ser útil para o cálculo do valuation, ou o valor correto da empresa, que será essencial na busca por uma injeção de capital para o crescimento. Essa conta deve ser feita com base em demonstrações contábeis e/ou financeiras legais, com informações de qualidade e exatas, a exemplo de Demonstrativos de Fluxo de Caixa e de Resultado do Exercício e Balanço Patrimonial.

ALGUMAS FERRAMENTAS PARA A GESTÃO FINANCEIRA

Como deixamos evidente até aqui, uma Gestão Financeira bem executada requer muitos cuidados e também atenção para se evitar falhas. Parece muita informação para ser colocada em prática, e é mesmo. Mas algumas ferramentas, como softwares voltados para esse campo em específico, podem facilitar a vida dentro da empresa, tornando o controle mais prático. Dependendo do porte do empreendimento, é possível que vários deles sejam integrados, simplificando diversos processos ao mesmo tempo, como a emissão de notas fiscais.

Essa, aliás, deve ser uma preocupação, pois não dá para manter uma boa Gestão Financeira sem o acompanhamento adequado das obrigações fiscais. Por isso, não há por que arriscar cálculos errados na hora da emissão de documentos. Hoje já existem gerenciadores de notas fiscais com interface intuitiva e um ótimo sistema de controle, que possibilitam facilidades como a emissão para diferentes Cadastros Nacionais da Pessoa Jurídica (CNPJs) e prefeituras numa mesma área de interação.

Vale apostar também na modernização das boas e velhas planilhas, que agora podem ser eletrônicas, com fórmulas, filtros, gráficos e painéis de controle, simplificando o gerenciamento das finanças. Nelas, é possível aglutinar dados como fluxo de caixa, demonstrativos e indicadores. É claro que em empresas maiores só isso não é o suficiente e, se for o caso, é bom recorrer a sistemas de Gestão Financeira e contábil desenvolvidos especialmente para esse fim.

A dica é que alguns desses softwares são gratuitos, enquanto outros precisam ser pagos, mas, em geral, o importante a destacar é que eles oferecem um acompanhamento de todas as fases do processo, esse é o ponto. Na área da contabilidade, essas plataformas integram bancos de dados e, além de automatizar operações puramente burocráticas, têm funcionalidades como a geração de demonstrativos em tempo real e o armazenamento das informações em nuvem, a eliminação de custos e gargalos no fluxo de trabalho.

Ainda na gestão empresarial, uma boa aposta é o Enterprise Resource Planning (ERP), que junta todos os dados sobre o empreendimento em um único local e ainda pode ser integrado a outras ferramentas, como o emissor de notas fiscais. Áreas como compras, estoques, recursos humanos e logísticas são englobadas nesses programas, que costumam ser divididos em módulos. Com apenas uma central de dados, o controle financeiro fica mais rápido e mais barato.

Outro fato é que meios de pagamento também podem ser modernizados, descomplicando as negociações com instituições financeiras. Métodos digitais são um auxílio e você consegue integrá-los a outras ferramentas de Gestão Financeira. Até mesmo o marketing pode se automatizar por meio de sistemas que permitem a aquisição de clientes a custos menores. O Lahar, por exemplo, automatiza não só postagens como também todas as ações de prospecção, relacionamento e fechamento de vendas.

Um bom exemplo do uso de ferramentas na Gestão Financeira em pequenos negócios é o da Pandora Acessórios. Criado inicialmente sem a ideia de lucro, mas como um canal para que uma das proprietárias desenvolvesse e aplicasse seus conhecimentos administrativos, o empreendimento cresceu mais rápido que o esperado e já no primeiro mês as planilhas de Excel não supriam as necessidades.

No mês seguinte, o problema apareceu no estoque: toda a contagem de peças era feita manualmente e, quando um item era solicitado, a equipe de atendimento não tinha como ter certeza de se havia estoque suficiente, pois, sem a automatização, os dados não eram atualizados com frequência. A demora muitas vezes levava o cliente a desistir da compra.

O aumento de vendas levou ainda a uma dificuldade de controlar as contas a receber, que, até então, eram registradas em um "caderninho". O método, é claro, não permitia visualizar a previsão de receita e, consequentemente, atrapalhava na programação de compras. Diante de tudo isso, a empresa resolveu investir em um software de Gestão Financeira, automatizando os procedimentos.

O estoque ganhou baixa automática dos itens, o atendimento foi agilizado, a comunicação com o consumidor foi facilitada e as compras começaram a ser programadas com mais inteligência. O sistema ainda acrescentou uma função de pré-venda, possibilitando a separação de peças assim que eram reservadas pelas redes sociais. A estruturação aumentou o lucro e permitiu que as sócias pudessem abrir sua primeira filial.

Porém, devemos deixar claro e reforçar mais uma vez que, apesar de a tecnologia ser uma parceira nos processos de Gestão Financeira de sua organização, suportando uma série de tarefas recorrentes, é fundamental antes de tudo ter uma equipe qualificada e treinada, além de se atualizar constantemente para que as melhorias sejam contínuas. Caso o setor financeiro de seu negócio não esteja saindo como o esperado, é hora de reavaliar, aprender e seguir novas direções.

Com apenas uma central de dados, o controle financeiro fica mais rápido e mais barato.

8

A IMPORTÂNCIA DO CONTROLE, DA CONTROLADORIA E DO COMPLIANCE

114 A controladoria
117 O controller
118 Compliance
123 Outros instrumentos que podem ajudar

té aqui, você já leu sobre o funcionamento do setor financeiro de uma empresa e sobre a importância de que ele esteja bem "redondo" para que tudo funcione como precisa ser. Agora, vamos focar em algo essencial dentro desse departamento: o controle. Sem ele, é bastante difícil que um negócio se desenvolva com qualidade e eficiência. Lembra a pesquisa do IBGE (www.valor.com.br/brasil/5144808/maioria-das-empresas-fecha-portas-apos-cinco-anos-diz-ibge) que citamos antes e diz que mais de 60% das empresas fecham as portas após cinco anos de abertura?

Pois então. Um levantamento feito pelo Serviço Brasileiro de Apoio às Micro e Pequenas Empresas (Sebrae) revela o principal motivo disso: falta de planejamento e descontrole na gestão estão ligados ao fim precoce. Porém, pode acreditar: um controle eficaz poderia diminuir — e muito — esse número, uma vez que ajuda em diversas frentes, seja auxiliando o empreendedor a ter o domínio das operações da organização, seja garantindo uma boa avaliação do desempenho e a transparência necessária ou amparando no processo de tomada de decisões.

Podemos resumir o controle interno como uma função da gestão administrativa voltada a conferir o desempenho do empreendimento como um todo, englobando-se aí pessoas, setores e processos. Ou seja, na prática, consiste na criação de procedimentos e na padronização de ações a fim de assegurar que todos realizem uma função da mesma forma, sem dúvidas ou erros.

Além de ser uma resposta a um risco de não conformidade ao qual a empresa está exposta, ele garante que as metas sejam alcançadas de acordo com o que foi ajustado, atestando a eficiência e evitando fraudes e violações das normas. Algo que só é possível, entretanto, se você já tem seus objetivos e métricas definidos.

Como apontam falhas, os mecanismos e os responsáveis pelo controle interno podem muitas vezes ser vistos com maus olhos dentro da companhia. É preciso, porém, acabar com a cultura de que eles existem como uma fiscalização, na visão mais negativa, para trabalhar a ideia de que são essas ferramentas que vão avaliar a legalidade e a legitimidade das ações da administração, evitando uma série de erros e indicando aqueles que já foram cometidos para que possam ser corrigidos.

Isso significa que essa prática mantém o fluxo de operações funcionando bem e, ao descobrir isso, o empreendedor começa a enxergar realmente sua importância. Pense nela como algo capaz de cuidar de seus dados contábeis e administrativos e de seu patrimônio, organizando e mensurando atividades relacionadas a compras, vendas, faturamento etc. e salvaguardando os ativos. Estamos falando aqui de informação e, como já abordamos antes, ela é ouro dentro de uma organização.

Se você nunca refletiu sobre isso, pense que é o controle, junto com uma boa Gestão Financeira, que mantém a saúde do negócio, evitando justamente que ele entre para as estatísticas dos que fecharam as portas e decretaram falência. É fundamental que ele seja desenvolvido e acompanhado de perto pela alta gerência; e por mais que pareça uma tarefa difícil, como muitas outras no universo empresarial, cabe a você a garantia dessa segurança administrativa.

Note ainda que, sendo uma função independente das demais áreas do empreendimento, ela tem como papel também identificar oportunidades de aperfeiçoamento, agregando valor, mas, para chegar até isso, diversos pontos precisam ser analisados a fim de garantir a excelência do controle, que se baseia em quatro características:

- **Política da empresa:** Para que o controle interno funcione, saiba ao certo as intenções e as políticas da companhia em relação a pontos que podem ser decisivos no momento da realização de tarefas capazes de ajudar a alcançar os objetivos do empreendimento.

- Objetivos e metas: Com as intenções definidas, as metas devem ser sempre claras, tanto as individuais quanto as da empresa, assim como os planejamentos e as estratégias pré-estipulados. Estabelecer prazos e caminhos para chegar aos objetivos também ajuda no controle, assim como a análise dos métodos e das normas que serão usados na proteção dos ativos.

- Dados contábeis: O registro dos dados contábeis deve ser facilitado para que eles possam ser sempre verdadeiros e exatos, além de o mais transparentes possível.

- Equipe: Sem uma equipe empenhada e disposta a colaborar, fica impossível estabelecer qualquer ferramenta de controle interno e, consequentemente, a excelência administrativa.

Além de verificar se tudo está correndo conforme o planejado, o controle também pode compreender as rotinas internas de um empreendimento, englobando aspectos como fluxo de informação e de documentos, organogramas e responsabilidades. E como tudo isso se encaixa? Sua eficácia surge da comparação entre os resultados planejados e os alcançados e por isso ele se preocupa não só com a área de elaboração como também com a de execução. Manter tudo isso funcionando é uma boa forma de se precaver, fica a dica.

E ainda é importante dizer também que há várias maneiras de se realizar o controle interno de uma organização e elas podem girar em torno da promoção de treinamentos, da criação de procedimentos (padronização das atividades por meio de um passo a passo), de planilhas (que fornecem dados que auxiliam na supervisão) e de formulários (modelos preenchidos com informações específicas que tornam mais prática a execução das funções). Essas ações ajudam sócios e colaboradores a atuar de maneira mais eficaz.

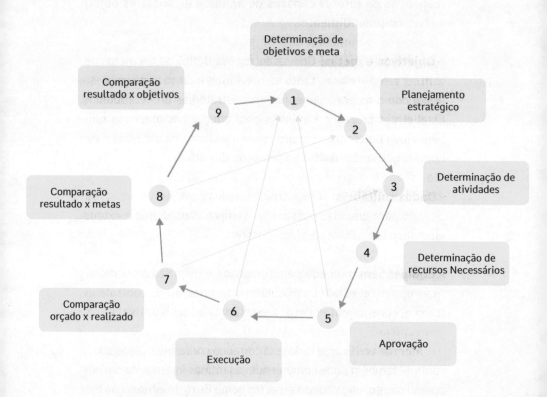

A CONTROLADORIA

Todas essas tarefas do controle interno devem ser desempenhadas por uma controladoria, área da Ciência Contábil responsável pela orientação, pela inspeção e pelo registro dos atos da administração. Utilizando-se de uma visão multidisciplinar, ela é a responsável pela modelagem, pela construção e pela manutenção de sistemas de dados e modelos de gestão da organização, suprindo de maneira adequada a necessidade de informação dos gerentes e líderes.

As funções contábil, gerencial-estratégica, de custos, tributária, de proteção, de auditoria e de controles de ativos e de risco e gestão da informação são típicas desse sistema. Todas elas estão englobadas no chamado processo de controle, um modelo de trabalho capaz de permitir que as atividades sejam desenvolvidas da maneira mais dinâmica e econômica possível. Em seu cerne, uma controladoria tem um papel estratégico, subsidiando a gestão e aumentando a transparência.

Para isso, ela se utiliza de dois princípios: o do controle futuro e o da agregação de subsistemas. O primeiro diz que é preciso prever para corrigir antecipadamente eventuais falhas e, desse modo, é necessário trabalhar com informações projetadas. Já o segundo, fundamental para a elaboração do orçamento organizacional, lembra que devem ser considerados todos os setores da empresa, visto que são eles que formam o todo.

Ainda é essencial, para que a controladoria trabalhe, ter os padrões de qualidade previamente estabelecidos pela diretoria já a partir do planejamento. Outro ponto a ser observado é o envolvimento de todos os colaboradores da empresa, que não só precisam estar alinhados a essa política como também podem receber dela importantes contribuições em suas áreas específicas.

Por ser um órgão de assessoria e consultoria, ela geralmente fica fora da pirâmide hierárquica da corporação. Mas isso não significa que seja menos importante. Tanto que um levantamento feito pela BBC coloca o profissional da controladoria em sexto lugar entre as dez profissões mais aquecidas para os próximos anos. Por que ela é tão importante assim? Porque os tempos e os negócios mudaram e, atualmente, se destacar requer um planejamento que atenda às novas necessidades de clientes, acionistas, bancos e órgãos fiscalizadores.

Em suma, são necessárias decisões sólidas tomadas no presente, mas que gerem boas consequências no futuro. É isso que a controladoria propõe; e, após a criação dela, o passo inicial é a estruturação das operações contábeis e financeiras para que, em seguida, seja trabalhado o custo integrado à contabilidade, a formação de preço de venda e tudo o que contribuir para resoluções acertadas. Entram aí orçamento empresarial, controle matricial de custos e despesas fixas, fluxo de caixa prospectivo, soluções financeiras, análise do desempenho etc.

É dessa maneira que serão definidos os padrões de controle e feitas as projeções de resultados, sempre utilizando uma série de cenários distintos. Todos esses dados devem ser utilizados para uma análise comparativa, por meio da qual é possível observar os desvios – as diferenças entre o que foi atingido e o que estava planejado. O nível de detalhamento desses relatórios deve estar adaptado ao crescimento da empresa, sendo mais simples, mas ainda assim rigoroso, na fase inicial.

Ter rotinas de controle estabelecidas, uma vez que elas ajudam a identificar problemas e resolvê-los com mais rapidez e segurança, pode ajudar neste trabalho. Além de que conciliações bancárias – o comparativo entre extratos bancários e os controles contábeis internos – são uma boa ferramenta. Tudo isso garante mais confiabilidade para possíveis investidores.

Também é preciso que você repense gastos e investimentos. Seu orçamento deve ser elaborado de maneira que possibilite o cumprimento dos objetivos traçados e vem daí a necessidade de controlar as despesas, evitando desperdícios. É bom se certificar ainda de que a política financeira está alinhada com as estratégias previamente definidas.

Outro aspecto que auxilia as tarefas da controladoria é estar em dia com as questões legais. Para gerir bem uma organização, o empreendedor deve estar ciente de todas as obrigações nesse sentido. Saiba ainda quais são as restrições relativas a transações financeiras do negócio e as exigências tributárias ao mercado em que está inserido.

Mesmo que você esteja cumprindo todo o necessário, tenha em mente que precisa estar preparado para uma auditoria. Nunca se sabe quando uma pode surgir, então é fundamental cumprir as obrigações legais e financeiras e cuidar para que haja o máximo de transparência possível no setor contábil.

O CONTROLLER

Por mais que esteja à frente do negócio, o empresário não precisa ter um conhecimento aprofundado a respeito de todas essas questões – embora seja necessário que ele as entenda. Existe uma pessoa específica responsável por verificar que tudo isso está sendo cumprindo a contento: o controller, ou controlador. É preciso que ele tenha uma formação sólida e conhecimento sobre o processo de gestão organizacional. Diferente do contador, esse profissional se debruça sobre análises de informações financeiras voltadas ao futuro – e não somente no desempenho financeiro passado.

Ou seja, perceba que é preciso que ele seja mais do que um supervisor das áreas contábeis e financeiras, desenvolvendo as funções de analista, intérprete e divulgador das informações relativas à área de finanças. Sua posição é fundamental dentro da organização, em especial porque é ele que vai traduzir os números para que sejam totalmente compreensíveis à gestão, auxiliando na elaboração de estratégias bem-sucedidas.

Entre as atribuições desse profissional estão o monitoramento da contabilidade fiscal, a concepção de orçamentos, previsões de negócios e projetos, o gerenciamento da tesouraria, o acompanhamento do departamento financeiro, a organização do planejamento tributário e a elaboração de relatórios que vão subsidiar a tomada de decisões. Ele também deve participar da previsão orçamentária anual, ou budget, e do planejamento estratégico.

E não para por aí, isso porque, além do conhecimento sobre todos esses assuntos, a pessoa a ocupar o cargo ainda precisa ser alguém de sua total confiança, uma vez que vai atuar na coluna vertebral de seu empreendimento. Com dados coletados da tesouraria e da área fiscal, é essa a figura que vai diagnosticar como anda a saúde da corporação, levantando todo o estado financeiro e alinhando essas análises ao que foi traçado como meta pela diretoria.

Justamente por causa disso ele é tão essencial, uma vez que as ferramentas de controladoria por si só não fazem essa parte sozinha. É preciso um controller capaz de interpretar os dados e sugerir alternativas para a condução do barco. Tanto para pequenos quanto para médios negócios, as possibilidades para se obter um controller vão desde cursos de aperfeiçoamento de colaboradores já ligados a essa área à contratação de mão de obra terceirizada para essa assessoria.

COMPLIANCE

Enquanto o controle interno tem como papel a padronização das ações e a identificação das oportunidades de aperfeiçoamento, a função do compliance é trabalhar no estabelecimento de regras, nos treinamentos, nos procedimentos rotineiros e na conscientização das normas. Acontece que as normas do compliance não são apenas para questões internas, mas também para as externas. É a governança corporativa de maneira mais direcionada.

O termo vem do inglês *to comply*, que significa agir de acordo, respeitando instruções. Para isso, alguns componentes são fundamentais, a exemplo de auditoria, monitoramento e avaliação, treinamentos e comunicação interna. Eles servem para garantir uma cultura de conformidade e também para identificar a violação de regras e políticas de uma empresa, sobretudo porque, à medida que ela cresce, suas operações se tornam mais volumosas e isso pode vir a se tornar um problema.

Com o que chamamos de "efeito capilarização", as operações passam a ser conduzidas por centenas ou até milhares de pessoas e a falta de uma supervisão adequada pode levar colaboradores, parceiros ou prestadores de serviços a modificar controles ou procedimentos. Nem sempre por culpa deles. Por vezes, falta capacitação ou compreensão quanto às instruções, diretrizes podem estar mal redigidas e incompletas, ou ocorre a transgressão de pessoas em níveis hierárquicos mais altos em nome do cumprimento das metas.

São situações até corriqueiras, mas que podem levar a falhas graves, em especial em setores altamente regulamentados, como é o caso das instituições financeiras – onde o descumprimento de regras pode até ameaçar a continuidade da empresa. Daí a necessidade de uma boa governança, que vai cuidar dos controles internos e também das leis e dos regulamentos aos quais o empreendimento está submetido. Diante do exposto, podemos afirmar, então, que compliance é estar de acordo com critérios e padrões, incluindo normas regulamentadoras, legislações e determinações de órgãos fiscalizadores.

Apesar da explicação simples, sua aplicação é mais complexa do que parece. Para que opere adequadamente, é fundamental uma boa estrutura organizacional ou até um comitê, o que termina por fazer com que muitos empresários acreditem ser algo caro, condizente apenas com grandes corporações. Mas, mesmo que a implantação plena passe por um trabalho técnico especializado, algumas atitudes podem ajudá-lo a desbravar esse caminho de maneira mais direcionada.

Isso porque aplicar essa filosofia a todos os seus processos e produtos desde o início já é um grande auxílio e constrói uma visão de negócio mais segura. As normas de interação interna e externa são ditadas pela cultura organizacional da empresa, ou seja, definidas pelos gestores e líderes. Por isso, possuir um guia escrito facilita para que todos assimilem quais são essas regras e minimiza o espaço para conflito de interesses e erros. O documento deve trazer todas as diretrizes de conduta e, sempre que houver uma dúvida, é só consultá-lo.

Não se esqueça, dentro desse processo, de fortalecer também a comunicação. Sem ela, os procedimentos tendem a se confundir, então é fundamental, para fazer com que seus colaboradores entendam a importância do compliance, que seja divulgada e lembrada a necessidade de seguir os padrões. Criar canais de comunicação por meio dos quais os colaboradores possam interagir e denunciar condutas inadequadas é uma boa dica.

Você também precisa dar o exemplo. Para que a equipe aja com lisura nos procedimentos internos, é imprescindível que a direção faça o mesmo, prezando pela ética sempre. Além disso, implementar processos de autoavaliação, ou *self-assessment*, permite que cada indivíduo ou setor qualifique, seguindo indicadores preestabelecidos, seu grau de risco e eficiência, bem como o comprometimento com os controles.

Outra boa ferramenta é a automatização. Sistemas podem servir para enquadramento ou de balizamento das transações. Por exemplo: para registrar a prestação de um serviço, o colaborador deve utilizar um modelo padronizado de contrato, existente no sistema de vendas, e preenchê-lo adequadamente para obter a finalização. Se as condições da prestação de serviço forem diferentes dos parâmetros estabelecidos, uma notificação de pendência a esclarecer pode ser gerada automaticamente.

Com ações como essas, o compliance não fica caro, desmistificando o uso do dinheiro como empecilho para não fazê-lo. São processos simples, mas que não substituem um programa implementado especialmente para a área nem incluem aspectos como a compra de ferramentas especializadas ou a contratação de advogados. Se você puder dispor disso, melhor, é claro, até porque não estar em compliance pode acabar saindo muito mais caro, caso a empresa seja multada por estar desempenhando suas atividades de maneira irregular.

Vale lembrar que, na era da informação, em que os consumidores costumam pesquisar sobre tudo o que consomem, estar em dia com as obrigações pode trazer bons resultados para sua marca, que passa a ser vista com bons olhos. Com relações saudáveis com colaboradores, parceiros, fornecedores e clientes e seguindo as normas dos órgãos de regulamentação, é provável que você construa uma boa reputação para si, conquistando ainda a confiança dos investidores.

Lembre-se de que possuir algum tipo de padronização e fiscalização de ações é essencial em todos os tipos de empresas, inclusive as micro e pequenas. Isso porque, sem esses procedimentos, os empreendimentos ficam também sem uma orientação com relação ao rumo que estão seguindo e se tornam menos protegidos de erros e fraudes. Sendo assim, os programas de compliance e os controles internos são funda-

Lembre-se:
são necessárias decisões sólidas tomadas no presente, mas que gerem boas consequências no futuro.

mentais para o bom funcionamento do negócio, pois garantem sua permanência no mercado e a segurança nas informações e nos processos transitados.

Caso esteja pensando em instituir um programa do tipo, tenha em mente que ele começa com a definição dos valores que a companhia deseja passar para todos que fazem parte de sua cadeia, de colaboradores a usuários. É necessário que todos os processos tenham uma ética estabelecida, o que, inclusive, pode ser facilitado pela tecnologia. Ferramentas de governança já existentes podem auxiliar a auditar métricas, promover uma melhor compreensão das informações e identificar quem tem acesso a dados importantes.

E, mesmo que você prefira não ter comitês consultivos que deliberem sobre suas atividades – principalmente pelo medo de que isso engesse o ritmo de produção –, é possível empregar medidas de *due diligence*, procedimentos investigativos que no âmbito contábil abrangem a análise das informações financeiras, tributárias, trabalhistas e previdenciárias e a identificação de eventuais riscos. Isso torna as transações mais seguras. Também vale lembrar que atividades de compliance são exigidas pelo governo brasileiro e por multinacionais – os países têm regulamentações diferentes quanto a isso, inclusive o Brasil, com a Lei Anticorrupção (lei número 12.846).

E para quem ainda não sabe, em outras partes do mundo o compliance é realidade há várias décadas, tendo sido impulsionado por fatores tais como caos econômico, corrupção sistêmica de agentes públicos e falta de integridade na conduta de muitos empresários nas relações com governos, motivos suficientes e muito próximos à nossa realidade. Esse conjunto de ações de proteção não só é capaz de combater a corrupção em âmbito público, mas também de evitar problemas até criminais entre empreendedores, como a lavagem de dinheiro, o que pode vir a acontecer por meio de investimentos de terceiros.

Uma boa experiência na aplicação do compliance é a da gestora e administradora de fundos de investimento SRM, que possui escritórios distribuídos em oito estados brasileiros. A empresa opera nas áreas de direitos creditórios, *trade finance* e câmbio, modalidades de alta rentabilidade. Visando à internacionalização, ela decidiu implementar um programa de sete etapas, que iam da revisão do código de conduta vigente à criação de um canal de denúncias.

As práticas foram aplicadas tanto para o time comercial quanto para as novas contratações. Uma delas previa a aplicação do Potencial de Integridade Resiliente (PIR), um teste capaz de identificar se os valores do candidato ou do colaborador estão em conformidade com a cultura organizacional e que ainda consegue avaliar seu comportamento em situações de dualidade ou pressão.

Como o nicho de mercado da SRM envolve transações financeiras, a gestão constatou ser importante conhecer o poder de resiliência de sua equipe diante de situações complexas, uma vez que a tomada de boas decisões mesmo sob forte estresse é essencial para o sucesso do negócio. Com a seleção de pessoas com mais afinidade com o perfil do empreendimento, o índice de turnover, antes alto, ficou em níveis aceitáveis.

O compliance contribuiu ainda para que os colaboradores pudessem relatar situações antiéticas – como as equipes trabalham muito próximas da alta gestão, acabavam se sentindo inibidas para isso, o que mudou com o lançamento do canal de denúncias. Além disso, foi banida ainda a prática de troca de senhas entre eles, o que poderia ser prejudicial em casos de fraude ou corrupção.

OUTROS INSTRUMENTOS QUE PODEM AJUDAR

Além do BI e dessas outras técnicas sobre as quais falamos, uma série de ferramentas pensadas por startups também pode ser implementada para ajudar na gestão de empresas de todos os portes, seja em termos de administração, marketing, tecnologia da informação ou comunicação. Tudo isso vem mudando a forma de operação de organizações tradicionais e fazendo com que elas se tornem mais ágeis e digitais.

Uma delas é a computação em nuvem, usada para melhorar processos de mobilidade, big data analytics, assim como a comunicação unificada. A adoção de assinaturas digitais e a digitalização de documentos, antes todos em papel, são outras duas mudanças aplicadas no âmbito das relações externas ou internas. Só que, para implementar tudo isso, é fundamental treinar e moldar o pensamento dos colaboradores, muitas vezes não acostumados a essas novidades.

Já entre os instrumentos de administração e marketing podem ser citados os OKRs e o Design Thinking, metodologia que terá um capítulo voltado especialmente para ela mais adiante neste livro. Vamos falar, então, sobre os OKRs, ou Objectives and Key Results (Objetivos e Resultados-Chave). Simples e adaptáveis, eles são focados nos objetivos e nas metas do empreendimento e trazem métricas que indicam se os resultados foram atingidos ou não. Longe de ser um pacote fechado, ainda previnem gastos desnecessários e economizam recursos.

O ideal é que as metas sejam implementadas por etapas até que todos estejam confortáveis com o método. Definir OKRs trimestrais é uma boa maneira de incentivar o time e ir dando feedbacks conforme o passar do tempo, de modo que todos possam sugerir melhorias e ganhar pontos pelo esforço. Uma dica para esta etapa: comece pela equipe mais sênior e, aos poucos, dissemine em ciclos de aprendizagem.

Como implantar os OKRs:

1. Determine o grande objetivo da organização para o ano;

2. Divida, para o próximo trimestre, os três objetivos mais importantes;

3. Crie de três a cinco resultados-chave para os objetivos do trimestre;

4. Mensure semanalmente os resultados-chave criados;

5. Acompanhe mensalmente os resultados-chave da empresa;

6. Ao final do trimestre, refaça os passos 2 e 3.

Saindo dos OKRs para outra solução popularizada pelas startups, encontramos o *Chatbot*, um programa de computador que se utiliza de uma inteligência artificial cada vez mais aperfeiçoada para imitar conversas com usuários. Em outras palavras, é uma espécie de assistente que se comunica e interage por meio de mensagens de texto automatizadas. Apesar de ser uma ferramenta voltada para o atendimento ao cliente, ela também traz resultados para a gestão, visto que consegue auxiliar no gerenciamento de informações.

Isso porque todos os dados reunidos nele podem ser categorizados para análise, se tudo for feito com planejamento e execução adequados. O fácil acesso a isso pode garantir um auxílio em situações de importantes tomadas de decisão. Não devemos esquecer que os *chatbots* ainda ser integrados aos sistemas operacionais da empresa, suprindo demandas básicas do setor de atendimento – como mapear um processo de compra com definições de etapas e, em tempo real, enviar o status do progresso para o cliente.

Todas essas criações das quais falamos são resultado do surgimento de consumidores cada vez mais mais informados e exigentes, que fizeram com que as organizações precisassem – e ainda precisem – se adaptar. Esse novo cenário fez com que mudassem também as perspectivas de produção. No lugar de criar uma solução para alguma necessidade que não era nem percebida pelo usuário, hoje as companhias estão voltadas a entender as reais dores do público com o qual lidam, economizando tempo e dinheiro. Afinal, para que criar algo que ninguém quer?

Essa demanda emergente que se busca solucionar tem levado muitas inovações ao mercado e mudado as estratégias de gestão, inclusive no marketing, com o surgimento, por exemplo, do Inbound Marketing. Criado nos Estados Unidos, ele pode ser traduzido como marketing de atração, no qual quem procura a organização é o cliente, e não o contrário. Para isso, são realizadas ações com o intuito de atrair o potencial consumidor e, a partir daí, criar um relacionamento com ele.

Por que cada vez mais empreendimentos de diferentes portes estão adotando a ferramenta? Ela consegue aumentar a visibilidade, diminuir o custo de aquisição de clientes, gerar conteúdos que fazem a diferença e otimizar vendas. Tudo isso utilizando-se de cinco etapas que se complementam inteligentemente: Atrair, Converter, Relacionar, Vender e Analisar. Assim, a empresa vira referência em determinado assunto e ainda consegue influenciar decisão de compra.

É claro que esses são apenas alguns dos instrumentos capazes de colaborar com uma gestão eficaz e da e tornar mais inovadores e ágeis os processos dentro dela. Muitos outros precisam ser adotados e vamos abordar alguns ao longo dos próximos capítulos. Até lá, alguns ensinamentos de administração podem auxiliá-lo a gerir melhor seu empreendimento:

- Conte com um conselheiro administrativo: Ser empreendedor não é o mesmo que ser um bom gestor. Muitas vezes, você pode ter a capacidade técnica sobre o negócio que montou, mas não a administrativa. Por isso mesmo, é importante refletir sobre as especificidades de cada papel e, em caso de necessidade, não hesitar em recorrer a um gestor ou uma consultoria especializada para, junto com eles, traçar estratégias de administração.

- Saiba que conhecimento é fundamental: Toda empresa necessita de conhecimento específico. Você precisa conhecer seu modelo de negócio, seu mercado, seus clientes. Ainda tão importante como isso é o conhecimento a respeito do mundo corporativo como um todo. Hoje, muitas instituições de ensino já oferecem soluções de qualidade para a capacitação de gestores. O processo, contudo, deve ser contínuo e você deve estar sempre se reciclando, agregando valor tanto para sua marca quanto para você próprio. Busque informações, faça cursos e conheça outras áreas, pois esse know-how faz a diferença.

- Entenda sobre fluxo de caixa: Vamos falar a respeito dele mais adiante, mas saiba que esse é um dos principais fatores para o sucesso. Se não estiver equilibrado, não tem como o negócio dar certo e, por isso mesmo, podemos dizer que ele é o melhor indicador para medir a saúde financeira de sua organização. Controlá-lo diariamente a partir de uma visão objetiva e analítica permite fazer o balanço entre despesas e receitas da atividade e direcionar com mais eficácia os rumos a serem seguidos. Além disso, pense bem nos investimentos que deseja fazer. Utilizar todo o caixa em decisões tomadas de maneira agressiva geralmente acaba resultando em sérios problemas. É fundamental ter uma reserva para as surpresas que costumam aparecer pelo caminho, sem contar que investimentos estratégicos evitam consequências drásticas como a falência.

- Aprenda a lidar com os imprevistos: Um planejamento é importante e deve ser feito, mas imprevistos sempre surgem e é preciso estar preparado para eles. Por mais que seu plano de negócio esteja bem estruturado, o mundo empresarial pode ser uma montanha-russa, e circunstâncias alheias terminam por influenciar direta ou indiretamente. Nessas horas, conta muito o jogo de cintura para agir com sabedoria e habilidade diante de situações inesperadas. Aproveite o momento para tentar explorar seu potencial e agregar valor à marca.

- Valorize o capital humano: O capital humano nada mais é que o conjunto de conhecimentos, habilidades e competências adquiridos pelos profissionais e que permitem a realização eficaz de um trabalho e, consequentemente, a produção de valor econômico. Não se trata de um clichê, mas nunca se esqueça que seu negócio é feito por pessoas e para outras pessoas. Por isso, aposte na contratação de mão de obra especializada, colaboradores com quem você possa dividir as tarefas para monetizar suas ideias e fazer o negócio crescer. Aproveite para incentivar o trabalho criativo, tendo em vista que a inovação deve ser importante em qualquer empresa.

- Aposte na governança colaborativa: Se seu negócio ainda está em desenvolvimento, engajar a equipe nos processos de tomada de decisão pode ser uma boa ferramenta de gestão, além de potencializar as chances de sucesso, visto que às vezes alguém no time pode ter a solução para um de seus problemas. Adotar medidas como a governança colaborativa é uma das maneiras de estimular o processo criativo dos colaboradores. Lembre-se apenas de aperfeiçoar as soluções oferecidas.

9

PRODUCT MARKET FIT

132 As métricas do PMF – KPIs – Escolhendo seus Indicadores-Chave de Desempenho

132 Como escolher seus KPIs

138 Alguns indicadores úteis

141 Acompanhando os KPIs

opular no mundo dos negócios, o termo Product Market Fit (PMF) pode ser traduzido livremente como uma regulagem de mercado. É um conceito que leva em consideração o ajuste do produto ou serviço às necessidades do cliente. Sendo assim, consiste em identificar até que ponto aquilo que você oferece é suficiente para suprir as demandas. Se o problema do consumidor fosse entendido como uma dor, sua solução seria a cura para ela? E uma cura pela qual as pessoas estão dispostas a pagar?

É a combinação desses elementos – produto ou serviço e público – que compõe o que chamamos de Product Market Fit, um conceito que pode ser entendido como a proposta de um modelo de negócio que envolve valor, segmentação de clientes, relacionamento e canais diretos. Tudo isso deve ser levado em consideração para que haja um encaixe perfeito e, logo, um bom retorno dos usuários. O termo foi cunhado por Marc Andreessen, fundador do Netscape e, atualmente, investidor no Vale do Silício, e, segundo ele, é fundamental "estar em um bom mercado com um produto que satisfaça a esse mercado".

Já falamos aqui sobre a importância de conhecer o consumidor, entendendo a fundo as dores e as dificuldades dele que seu empreendimento poderia solucionar. Porém, além de entender para quem aquilo está sendo feito, é preciso ter certeza de que essas pessoas estão dispostas a gastar o dinheiro delas na solução oferecida por você. De nada adianta criar algo pelo que pouca gente está disposta a pagar. Por isso mesmo, uma das partes mais importantes do PMF é encontrar um mercado bom – é fundamental que ele seja grande para que você ganhe no volume ou rico o bastante para que o ticket médio seja alto.

Quanto mais cedo você descobrir seu Product Market Fit, melhor, inclusive para evitar investimentos que depois se provem desnecessários. Lembra que falamos do Minimum Viable Product? Essa concepção da Lean startup pode ser bem útil aqui, permitindo saber como os usuários receberão o que seu negócio está produzindo e se aquilo é realmente útil. Se já passou disso e está avaliando para quem sua ideia é direcionada, alguns enfoques são importantes.

Um deles é uma análise quantitativa, que verifica a viabilidade da solução proposta. Também chamada de Total Addressable Market (TAM), ela tem duas fórmulas de cálculo: o top-dwn, ou de cima para baixo, e o bottom-up, justamente o contrário (de baixo para cima). A abordagem top-down é feita por meio de pesquisas ou relatórios de setores econômicos, o que não exige dados históricos de sua operação. As informações, porém, são mais genéricas, podendo não haver uma investigação pormenorizada sobre o tamanho do mercado.

O bottom-up, por outro lado, leva em consideração as vendas já realizadas no próprio negócio, permitindo que se saiba qual o perfil dos usuários e o ticket médio. Esse é um conhecimento valioso, pois pode auxiliar no crescimento da base de clientes – partindo para aqueles que possuem um perfil semelhante. Além disso, a metodologia ainda proporciona um conhecimento mais confiável a respeito do ambiente onde sua companhia está inserida. Coletar um feedback com os próprios consumidores é a melhor maneira de alcançar o PMF.

Alguns pontos merecem ser focados na hora de avaliar seu Product Market Fit e um deles é a precificação. Se seu preço está sendo mal recebido pela maioria, fica complicado ter um bom ajuste. Outro item importante é o tamanho do mercado. É preciso que você saiba o tamanho real de seu setor e, mais ainda, se há nele consumidores que se interessarão pelo que você tem a oferecer.

Por mais que a realidade não seja o que você esperava ou desejava, é preciso ser corajoso para enfrentar os fatos e para saber

Não basta focar em encontrar um mercado, mas sim um bom mercado, aquele que faça com que o negócio seja durável.

como lidar com as consequências deles. Segundo Andrew Chen, líder de growth da Uber, um bom mercado é aquele em que há um grande número de usuários em potencial, um alto crescimento desse mesmo número e a facilidade de aquisição de novos clientes. Já se o mercado é pequeno ou vem diminuindo, é preciso estar ciente de que a empresa pode não durar muito tempo. Diante disso, não basta focar em encontrar um mercado, mas sim um bom mercado, aquele que faça com que o negócio seja durável.

AS MÉTRICAS DO PMF – KPIS – ESCOLHENDO SEUS INDICADORES-CHAVE DE DESEMPENHO

Mas como saber se o seu negócio alcançou o Product Market Fit (PMF)? Algumas métricas podem ajudar a mensurar isso e uma delas é a chamada "regra dos 40%". Se pelo menos 40% dos clientes pesquisados afirmarem que ficariam "muito desapontados" se não tivessem mais acesso à sua mercadoria ou se 40% consideram sua solução "essencial", você está no caminho certo. Usuários satisfeitos garantem consistência e apontam para um movimento de chegada de novos consumidores. Esse é um forte sinal de que o empreendimento encontrou um bom nível de PMF.

O mundo empresarial é cheio de siglas, algumas das quais até já falamos neste livro. No entanto, saiba que existe mais uma que você precisa ter memorizada. Trata-se dos KPIs, ou Indicadores-Chave de Desempenho, por meio dos quais é possível monitorar os processos que acontecem dentro da sua empresa. Com eles, você consegue descobrir o que está funcionando ou não no que diz respeito à gestão.

Se ainda não conhece os KPIs – do inglês Key Performance Indicator –, tenha em mente que eles são indicadores definidos por você próprio para acompanhar suas operações e ajudá-lo a chegar aos objetivos definidos. Ou seja, eles rastreiam e seguem o andamento de atividades e coletam dados relevantes para serem disponibilizados aos gestores, garantindo eficiência, eficácia e resultados positivos para o empreendimento.

Apesar de parecidos, eles são diferentes das métricas, uma vez que são indispensáveis ao seu negócio. Enquanto uma métrica vai somente mensurar o resultado de uma ação, esses índices podem auxiliar no planejamento e no monitoramento – nada impede que uma métrica se transforme futuramente em um indicador, desde que se torne fundamental para a sua estratégia. O importante é entender o que é capaz de auxiliá-lo na tomada de decisão, uma premissa básica para a escolha dos seus indicadores-chave.

Na era da informação na qual nos encontramos, eles podem ser os mais diversos possíveis e trabalhar em diversas frentes, sendo divididos em categorias como produtividade, qualidade e capacidade. Os de produtividade estão relacionados, como o nome já diz, à produtividade por hora de um colaborador ou máquina. Eles estão ligados ao uso dos recursos da empresa para que ela faça as entregas previstas; de preferência devem ser acompanhados dos de qualidade, aqueles que ajudam a enxergar as não conformidades na produção, como é o caso do nível de avarias – se você produz 1.000 peças e 980 estão adequadas, seu nível de conformidade é de 98%.

Além desses dois, há ainda os índices de capacidade, que verificam a capacidade de resposta de determinado processo, a relação entre a quantidade de itens a serem produzidos e o tempo para que isso ocorra. Há muitos KPIs que podem ser definidos aqui, mas, se você tem um processo de produção em massa, por exemplo, um deles pode ser o número de itens que uma máquina consegue embalar em uma hora.

Os tipos de indicadores de desempenho de processos não terminam por aí e passam ainda pelos de eficácia (a relação entre os resultados obtidos e os resultados pretendidos), eficiência (relação entre os resultados obtidos e os recursos empregados), lucratividade (relação percentual entre o lucro e as vendas totais), rentabilidade (relação percentual entre o lucro e o investimento feito), competitividade (relação mantida com a concorrência), efetividade (a junção da eficácia com a eficiência) e valor (relação entre o valor percebido em um produto ou serviço e o valor efetivamente despendido para a obtenção dele).

Sejam quais forem os KPIs escolhidos, o importante é lembrar-se sempre de que eles precisam ter objetividade e periodicidade, ser mensuráveis e verificáveis e contar com um valor agregado. E é fundamental que esses indicadores recebam a atenção necessária dentro do negócio, afinal, além de proporcionar mais exatidão na tomada de decisão e deixar acessíveis informações necessárias para a melhoria de processos, eles ainda garantem mais rapidez e transparência na divulgação de resultados.

COMO ESCOLHER SEUS KPIS

Agora que já explicamos o que são os KPIs, é importante que você saiba como escolher os seus. Isso vai depender das características da sua empresa, indo das ferramentas utilizadas na captação de informação até a pessoa ou o time que ficará responsável pela análise do que foi coletado. Antes de mais nada, saiba que os indicadores precisam ser mensuráveis, ou seja, calculáveis para que sejam expressados em números, e verificáveis, sustentados com evidências documentais, testemunhais e objetivas.

Para decidir quais deles utilizar na sua gestão, comece separando aqueles que possam trazer resultados significativos. Esse índice escolhido será útil para suas equipes de marketing, de vendas, de finanças? Caso a resposta seja positiva, você está no caminho certo. Para além disso, avalie também se os dados gerados a partir desses índices farão diferença nos seus processos internos. Os resultados poderão ser alterados com investimentos e mudanças estratégicas?

Outro aspecto a ser levado em conta na sua decisão deve ser a propensão para a divulgação de informações. Isso porque os envolvidos na apreciação dos KPIs devem ter acesso total aos elementos necessários. Uma companhia que deseja manter em segredo os gastos para a fabricação de seus produtos não terá sucesso – como a redução desses gastos, por exemplo – ao colocar esse como um de seus indicadores-chave. Quanto maior o consenso em torno deles, melhor para todo mundo.

Seja quais forem os KPIs escolhidos, o importante é lembrar-se sempre de que eles precisam ter objetividade e periodicidade, ser mensuráveis e verificáveis e contar com um valor agregado.

Na hora de formular seus KPIs, lembre-se ainda de que eles devem estar alinhados com as políticas do seu empreendimento, ou seja, com sua visão, missão e identidade. É a partir disso que você deve definir os critérios metodológicos que serão utilizados nas medições. Todo esse processo precisa ter regras claras e ser padronizado. O desenvolvimento de um modelo guia pode ajudar a dar mais objetividade, assim como a fixação de limites para possíveis resultados negativos e o desenvolvimento de um plano de contingência para essas situações.

Também é fundamental que eles não sejam complexos e difíceis de calcular para que não se tornem um problema. Não defina um número excessivo, pois isso pode dificultar o processo. Em decorrência da grande variedade, uma mesma organização pode usar diferentes tipos de indicadores de acordo com os interesses de cada área – um bom KPI é o que gera uma reação em cadeia positiva em toda a empresa quando é atingido e negativa no caso de isso não ocorrer.

Em geral, porém, eles podem ser separados em três grupos principais, começando pelos primários, aqueles que diretores e o alto escalão da companhia querem ver. Eles são centrais para o objetivo e mostram que os envolvidos estão levando a empresa para o caminho do ganho desejado. Logo depois vêm os secundários, voltados para supervisores e outros profissionais que acompanham o andamento dos resultados e estratégias e, por isso mesmo, têm a necessidade de uma análise mais próxima.

Os dados fornecidos por esses indicadores reforçam o que foi encontrado pelos primários. São eles que mostram para os gerentes e outros colaboradores que estejam em um nível mais alto hierarquicamente que as táticas utilizadas são as corretas. Por fim, há ainda os KPIs práticos, os mais acompanhados por analistas e que justificam os dois anteriores.

Para explicar com um exemplo prático, imagine que a meta de um diretor seja aumentar o lucro da companhia em 10%. A fim de que isso seja alcançado, os gerentes ligados a essa diretoria deverão criar outros KPIs para auxiliar no processo. O de vendas terá como KPI o aumento das vendas e a participação de mercado, enquanto o de logística ficará focado no aumento da produtividade e o de produção, na disponibilidade de produtos e na redução de desperdício. Cada um desses intuitos faz parte dos indicadores primários. Já os propósitos estabelecidos pelos gerentes para que isso seja alcançado serão parte dos dois outros grupos, o secundário e o prático.

Se o seu anseio é otimizar resultados de determinado setor, trabalhe naqueles índices diretamente ligados a ele. Indicadores-chave errados vão lhe trazer dados de setores diferentes dos quais você deseja analisar ou melhorar. Para que isso não aconteça, defina um objetivo específico, saiba se ele é tangível e se é possível medir o percurso para alcançá-lo, reflita se é relevante para a companhia e considere quanto tempo será necessário para conquistar esse objetivo.

O gestor precisa saber aonde quer chegar e quais são os passos necessários para ir até lá. Por isso, um dos grandes desafios na construção de um KPI é a definição da meta a ser alcançada. É comum que até grandes corporações se percam nessa seara, incapazes de definir seus propósitos. Uma metodologia capaz de auxiliar é a SMART, ou Specific, Measurable, Attainable, Relevant e Time-bound — em português, específico, mensurável, atingível, relevante e "temporizável". Para utilizá-la, basta seguir as siglas e passar seus indicadores pelos seguintes filtros:

S – Específico: faça com que seu objetivo seja claro; tenha foco;

M – Mensurável: meça o progresso; avalie quais recursos serão utilizados e como poderá obter as informações para medir as metas;

A – Atingível: trace metas possíveis; definir algo inalcançável pode desmotivar você e sua equipe;

R – Relevante: garanta que elas estão alinhadas ao planejamento e à cultura organizacional;

T – Temporizável: estabeleça um prazo para as metas serem atingidas, uma linha de chegada.

PRODUCT MARKET FIT **137**

ALGUNS INDICADORES ÚTEIS

Como já dissemos, a escolha do KPI vai depender muito da sua empresa e dos objetivos traçados por ela. Não existe receita certa e, por isso mesmo, não podemos afirmar quais indicadores-chave de desempenho devem ser escolhidos no seu negócio. É preciso adequar as regrinhas – relevância, disponibilidade de aplicação, periodicidade, importância – à *sua* realidade, ao contexto em que se encontra. O que funciona para nós pode não ter o mesmo efeito para você.

Alguns aspectos, porém, podem ajudar na definição. Se a companhia busca aumentar as vendas, os índices devem mensurar o número de vendas realizadas em determinado período. Já se o foco é a consolidação da marca no mundo virtual, é interessante medir itens como visualizações e engajamento. Monitorar a satisfação do cliente permite otimizar estratégias e mensurar a parcela de mercado vai mostrar sua capacidade de servir os consumidores e o potencial de crescimento.

Compreendeu como são muitas as possibilidades? Mas, seja qual for seu foco, separamos alguns KPIs interessantes para ficar sempre de olho:

- Marketing: Muitos indicadores podem ser analisados dentro desse setor. Um bom exemplo é o comportamento do cliente. Quanto tempo, em média, ele costuma passar no seu site ou estabelecimento? Isso se converte em vendas? Descobrir esses dados é interessante para implementar melhorias, assim como saber o desempenho dos produtos, principalmente os recém-lançados, a fim de saber como está sua aceitação, e o ajuste de preços, comparando a saída de mercadorias com a saída da concorrência, o que auxilia a manter o valor cobrado condizente com o mercado.

- Valor do ticket médio: Este indicador possibilita que você entenda como funciona a dinâmica de vendas. Ele pode ser acompanhado de três formas: por venda, por cliente e por vendedor, permitindo identificar a performance e também ações que possam maximizar os resultados. Caso você escolha acompanhar o ticket médio por clientes, conseguirá saber quem compra mais e melhor e mudar a forma de se relacionar com esses usuários, oferecendo condições especiais. Já o acompanhamento por vendedor facilita descobrir aqueles que alcançam menos resultados – isso pode levar à implementação de soluções, como investir em capacitações ou programas de incentivos.

- Serviço de entregas: KPI da área de logística, esse indicador ajuda a conseguir dados de uma área complexa e importante, a entrega dos produtos. O indicador é bom não só para acompanhar o desempenho de suas operações de transporte, mas também se a cadeia de suprimentos está funcionando de maneira eficiente e se os fornecedores estão dando conta do recado e o grau de confiabilidade de cada um deles no cumprimento de prazos. Lembre-se de que esse é um serviço muito observado pelos clientes, que exigem um nível de entrega cada vez melhor.

- Taxa de vendas: Com esse indicador é possível saber como andam as negociações realizadas pela empresa. O índice de vitórias tem sido alto ou as vendas estão caindo? Ele pode ser medido a partir da relação entre a quantidade de vendas efetivamente fechadas e a quantidade total de oportunidades abertas em certo período. Caso opte por medir a taxa de sucesso em cada etapa do processo de negociação, você ainda consegue identificar seus maiores gargalos, aquilo que faz o cliente desistir da proposta – se isso acontece logo no início, o problema pode estar na abordagem dos vendedores, enquanto em um momento mais avançado pode estar ligado à oferta de facilidade de pagamento ou até à capacidade de entrega.

- Lucro Líquido: Você vendeu bastante, mas está tendo lucro? Esse é um ótimo KPI a ser acompanhado, afinal lucro bruto é bem diferente do líquido. O lucro bruto é a quantia financeira conquistada na campanha, enquanto o líquido é tudo aquilo que sobra depois do pagamento de todas as despesas fixas e variáveis – entram aí água, energia elétrica, aluguel, internet, despesas com o marketing, compra de produtos, impostos etc. Fica a critério da empresa escolher quais indicadores-chave utilizar para manter esses números atualizados. O fundamental é manter um monitoramento.

- **Índice de turnover:** Analisar questões internas, como a rotatividade de funcionários, também é fundamental para manter o negócio com bons índices. Grandes taxas de turnover podem sinalizar os mais variados problemas, a exemplo de questões com a liderança, clima organizacional e até valorização pessoal. Um KPI para mensurar a rotatividade pode ajudar o empreendimento a entender problemas internos e achar soluções que possibilitem resultados melhores. Tenha em mente que análises que forneçam um diagnóstico interno são tão importantes quanto as que tratam de captação de clientes, negociação, vendas e por aí vai.

Para completar, observe seu índice de rejeição. Ele é um excelente indício de que o PMF está correto. Controlar o *churn*, ou taxa de rejeição, é uma preocupação, mas isso demandará menos esforço quando o ajuste de mercado tiver sido alcançado, o que significa que o processo de segmentação foi bem feito e somente os potenciais clientes são o foco. Como todo o conceito gira em torno de um encaixe perfeito entre consumidor e produto, quando ele acontece a rejeição logicamente tende a ser mais baixa.

Em contrapartida, podemos dizer que não há um bom PMF quando o mercado é pequeno e não consegue absorver o produto; o mercado é grande, mas a solução não é boa o suficiente para ele ou quando o número de clientes só cresce com campanhas de marketing e realização de promoções. Não se envergonhe de testar outras possibilidades. Diversos negócios de sucesso só chegaram a esse patamar depois de muita experimentação, depois de pivotar até encontrar um Product Market Fit para o mercado certo.

ACOMPANHANDO OS KPIS

Não basta escolher os KPIs e deixá-los esquecidos num canto. É imprescindível que o gestor olhe com carinho para eles e acompanhe de perto a performance de cada um a fim de se certificar de que estão com um desempenho dentro do esperado. Essas medições devem ser constantes e são elas que vão ajudar a detectar possíveis desvios e falhas, que, vale sempre lembrar, precisam ser corrigidos o mais rápido possível para que você alcance alta performance.

Fique atento para indicadores que não atinjam a meta. Eles devem acender uma luz vermelha na sua administração e ganhar atenção redobrada até que voltem ao nível esperado, ao verde novamente. Caso uma máquina esteja operando com mais lentidão, atrasando as entregas, a causa disso precisa ser descoberta o mais rápido possível. Se o problema é um funcionário ocioso ou um bug num software importante, o mesmo deve ser feito.

Existem muitas maneiras de analisar o desempenho de um processo, como Estratificação, Folha de Verificação, Diagrama de Ishikawa, Histograma, Diagrama de Correlação e Gráficos de Controle. Essa última costuma ser a ferramenta mais utilizada para o fim do qual estamos falando, visto que apresenta de maneira gráfica variações no comportamento dos processos, garantindo uma melhor avaliação de sua estabilidade. Escolha o instrumento mais adequado para cada caso, considerando que existem os que são mais apropriados a cada contexto.

E mais uma dica: mesmo que os KPIs estejam sendo atingidos, é sempre possível melhorar. Assim como outras áreas da empresa, essa também precisa de melhorias contínuas, até porque as necessidades de informação na organização nunca são estáticas. Os indicadores devem acompanhar essas mudanças, sendo aperfeiçoados continuamente no que diz respeito à estrutura, dados e medidas.

Implantar esse aprimoramento não é fácil e pode se tornar um desafio até maior que o enfrentado na definição inicial dos KPIs, uma vez que isso exige que o empreendimento conheça bem seus processos e saiba exatamente seus objetivos. Uma

Fique atento para indicadores que não atinjam a meta. Eles devem acender uma luz vermelha na sua administração e ganhar atenção redobrada até que voltem ao nível esperado, ao verde novamente.

ação que pode ajudar aqui é o estudo constante em busca de gargalos e desperdícios a serem superados. Além disso, a metodologia OKR, sobre a qual já falamos neste livro, também pode ser útil na gestão dos seus indicadores-chave.

Use ferramentas como Novare e Chartmogol para acompanhar as métricas importantes para a sua empresa.

10

O TURNAROUND – COMO SAIR DA CRISE

147 Os fatores que levam ao turnaround
149 O papel do Gestor de Turnaround
150 Os estágios para virada de jogo
152 Estratégias para o turnaround
156 Fatores-chave para um turnaround de sucesso
157 Turnaround x Downsizing

Mesmo depois de todo o dever de casa feito, de todas essas dicas de gestão e ferramentas administrativas adotadas, o negócio ainda não vai como o planejado. E agora? Bom, não é pelo fato de um empreendimento não alcançar um desempenho tão bom quanto o esperado que chegou a hora de jogar a toalha. Com o auxílio certo, uma nova visão e muito trabalho pela frente, ainda é possível dar a volta por cima e conseguir ter lucro novamente. É a "virada de jogo".

Essa virada de jogo é justamente o turnaround, um termo em inglês utilizado internacionalmente na administração e popularizado nas décadas de 1970 e 1980. Na verdade, ele é todo um conceito de gestão estratégica capaz de fazer com que a corporação se levante novamente; afinal, quando ela apresenta sinais claros de crise, com grandes prejuízos, não basta enxugar o quadro e esperar pelo melhor. É preciso uma mudança de rumo bem mais acentuada.

O turnaround pode ser definido de maneira objetiva e prática como o período entre o declínio no desempenho financeiro e a recuperação na performance empresarial e na renovação corporativa. É um meio para se chegar à reestruturação, com o crescimento e os lucros recuperados. Para isso, as transformações devem ser profundas, sem limites e muitas vezes sendo necessário mexer na missão, nos valores e nos produtos e serviços oferecidos. Em boa parte dos casos, é preciso deixar de lado velhas concepções sobre o que o mercado espera e paradigmas equivocados de gestão.

Não pense que fazer tudo isso não traz riscos à empresa. Pelo contrário: a estratégia é de alto risco, mas tem provado seu valor e está presente na trajetória de grande parte das corporações líderes de mercado. O princípio envolve uma diversidade de ações, como análises da gestão, de custos e da posição de competitividade para determinar o motivo – ou motivos – de o negócio estar falhando. É necessário avaliar processos internos, estrutura organizacional, concepções de inovação, políticas de marketing, posição no mercado, atendimento ao cliente...

Com as informações em mãos, planos estratégicos de longo prazo e de reestruturação são criados. No primeiro momento, é preciso implementar ações de fôlego, incluindo a contenção de perdas financeiras, a renegociação de dívidas, a geração de caixa em curto prazo, a racionalização do portfólio e o aumento da produtividade. Em geral, todo esse processo costuma ser conduzido por consultorias especializadas em Estratégia de Negócios, Gestão Empresarial e turnaround.

E é fácil entender o motivo. Em meio ao calor da situação, muitas vezes o empreendedor acaba não conseguindo ver claramente o que está errado – e uma perspectiva exterior que seja imparcial é mais que válida. Além disso, com uma ajuda externa solicitada, colaboradores, fornecedores e investidores tendem a ficar mais tranquilos ao longo das mudanças. Cabe ao gestor, porém, tornar viáveis todas as etapas do plano, garantindo autonomia aos responsáveis para que as ações discutidas e decididas junto à direção sejam colocadas em prática. As falhas costumam acontecer justamente quando os gestores negligenciam a situação e uma liderança consciente faz toda a diferença.

Ou seja, diante disso, é imprescindível ainda que a estratégia esteja clara para orientar todas as ações da empresa e para que recursos já escassos não continuem sendo perdidos. Ainda não acredita no poder do turnaround? Um *case* favorável é o da Lego, que na década de 1990 chegou a perder cerca de 300 mil euros por dia em valor de mercado. Contudo, ela deu a volta por cima: restaurou seu core business, simplificou processos e enxugou o portfólio. As atitudes surtiram efeito e, em 2013, ela voltou ao posto de segunda maior fabricante de brinquedos do mundo, atrás apenas da Mattel.

É importante lembrar aqui que a gestão da recuperação não se aplica apenas a empreendimentos que enfrentam dificuldades: ela pode ajudar em qualquer situação na qual direções, estratégias ou processos organizacionais não estejam sendo eficientes. É o caso, por exemplo, de uma situação de alto crescimento. Se a corporação acha que chegou a um momento de estagnação, sem ter mais para onde crescer, e precisa desbravar outros nichos, ela pode recorrer ao turnaround para mudar esse quadro, inclusive enxugando custos operacionais para que tenha uma receita líquida e uma margem de lucro maior.

Se você ainda está em dúvida sobre todo esse conceito ou como implantá-lo para salvar sua empresa, vamos aprofundá-lo a partir de agora.

OS FATORES QUE LEVAM AO TURNAROUND

São muitos os sinais de que uma empresa precisa ser reestruturada. O descumprimento das obrigações financeiras costuma ser o principal deles, uma dificuldade que pode ser causada por diferentes origens, internas e externas. As falhas internas são aquelas sobre as quais a gestão tem controle, como alto grau de endividamento ou até uma liderança ineficiente. Se um líder não consegue se relacionar bem com os colaboradores, manter a equipe motivada e ser assertivo, com certeza os problemas aparecerão.

Podemos citar ainda a falta de controle dos indicadores de desempenho e um planejamento financeiro que deixa a desejar como fatores críticos para a perda da competitividade. Combinados, eles podem afetar o negócio como um todo, levando a decisões erradas e deslizes no gerenciamento do orçamento, o que reduz a margem de lucro e aperta as contas. Falhas no projeto, com desperdício de tempo, de força de trabalho e de di-

Nada acontece sem o apoio e o desenvolvimento de todos que fazem parte da organização.

nheiro e erros no desenvolvimento do produto, também podem resultar em uma crise.

Ainda fazem parte dessa lista os aspectos como redução na carteira de clientes, altas taxas de turnover e absenteísmo, baixa credibilidade no mercado, aumento desproporcional de custos, deterioração gradual da geração de valor ao acionista, decréscimo sucessivo nos resultados financeiros e contábeis e detecção de fraudes indicam a necessidade de um turnover. Já entre as causas externas, estão questões como recessão econômica, intervenção governamental e até uma concorrência desleal.

E, cá entre nós, quando uma das principais métricas de desempenho indicar deterioração e você não souber a razão ou não tiver um plano para alterar ou corrigir a tendência, esse recurso externo deve ser considerado imediatamente. Quanto mais cedo detectado o problema, mais fácil será corrigi-lo antes que vire uma bola de neve. São a rapidez de um diagnóstico preciso e a atenção às ações corretivas os segredos para reverter as tendências que lhe puxam para baixo.

O PAPEL DO GESTOR DE TURNAROUND

Também chamado de Turnaround Manager, o Gestor de Recuperação de Empresa tem como principal função conduzir todas as mudanças que estão por vir. Embora esse não seja um ponto obrigatório, é importante que ele não tenha qualquer relação com o empreendimento, uma vez que é necessária uma visão mais objetiva do que está acontecendo e uma assertividade maior para lidar com o estresse gerencial e o fluxo burocrático dos problemas. Uma consultoria com know-how aumenta as chances de sucesso ao plano de reestruturação.

Contudo, se você vai deixar esse especialista entrar em sua empresa para ajudá-lo, garanta que ele tenha autonomia e autoridade para tomar as decisões — que, vale ressaltar, nem sempre vão agradar a todos. Como o objetivo dele é fazer uma renovação corporativa, devolvendo ao negócio a normalidade operacional e financeira, alterações precisarão ser feitas nos mais diversos níveis. A razão deve falar mais alto e um agente de fora, terceirizado, certamente conseguirá cumprir essas tarefas de modo mais direto.

Os gerentes de turnaround devem ficar o tempo que for preciso para alcançar a virada de desempenho. A execução completa do planejamento pode levar de três a 24 meses, dependendo do tamanho da organização e da complexidade do trabalho. Durante todo esse período, entretanto, é fundamental que as ações estejam alinhadas aos planejamentos estratégico, tático e operacional e que todos dentro da empresa trabalhem pelo mesmo propósito. Nada acontece sem o apoio e o desenvolvimento de todos que fazem parte da organização.

OS ESTÁGIOS PARA VIRADA DE JOGO

Vamos ao que interessa: para que a organização consiga realmente se reposicionar e recuperar resultados, é necessária uma série de estágios até que o processo possa ser dado como concluído. Vamos a eles:

- **Análise e avaliação:** Saber a gravidade da situação dita o ritmo da reestruturação. Para isso, é preciso um estudo concreto a respeito da situação da empresa, que é feito em etapas, com coleta de informações, análise de processos internos e externos e de relacionamentos interpessoais, planos de marketing e ponderação sobre missão, visão e valores da organização. O objetivo é ter em mãos uma visão sistêmica da estratégia, compreender e avaliar indicadores de desempenho.

Esse diagnóstico ainda deve incluir auditorias nas demonstrações contábeis, compreensão de quais departamentos podem ser enxugados, alterações estruturais que possam dar agilidade e estudos de mercado. É com isso em mãos que se pode fazer uma melhor avaliação da situação atual e das decisões necessárias.

- **Contenção:** A partir daí, é preciso ver as necessidades urgentes do empreendimento e começar a ação a partir delas, com esforços para garantir um fluxo de caixa positivo e estabilizar o declínio. Essa etapa é centrada em reverter o estado crítico o mais rápido possível por meio de redução de ativos, cortes de custo e geração de receitas. Pode ser necessário promover mudanças na liderança, na reestruturação da dívida,na redução de linhas de produtos e na implementação de controles rígidos. Quando os recursos da empresa estão reduzidos, é preciso se preocupar em salvaguardar o que restou por meio de uma realocação, que permite ganhar maior flexibilidade estratégica.

- Reestruturação: É nesse estágio que o negócio tenta reconquistar uma melhor posição no mercado – isso por meio de ações específicas para esse objetivo. A busca por uma estratégia de reestruturação pode ser participativa ou centralizada na figura dos gestores e do gerente de turnaround, mas, seja como for, o intuito é fazer uma transformação substancial, com mudanças estratégicas.

Os resultados da reestruturação podem variar, havendo um declínio total, quando a estratégia não é boa ou então é implementada de maneira errada; um fracasso onde o posicionamento ainda é possível – e para isso é preciso reiniciar todo o processo – ou o êxito, quando seu índice de referência volta ao nível de sucesso comercial, geralmente como ocorria antes do início do declínio. Esses efeitos costumam ser medidos em um período de dois a quatro anos.

- Estabilização: O processo de turnaround está dando certo, mas você ainda precisa consolidar esse feito com estratégias de sustentação, que permitam que a situação continue estável. Essas estratégias, contudo, são muito particulares e podem variar de empresa para empresa. É uma solução individual que pode contar com diferentes técnicas e deve ser encontrada junto com o gestor que conduz todo esse processo. O ponto principal, porém, é que seja alcançada a estabilização.

- **Revitalização:** É a fase de voltar ao estágio anterior ou, quem sabe, até a um estágio melhor do que você estava antes da crise. O desenvolvimento aqui necessita estar positivo, atingindo um patamar satisfatório. Tenha em mente que, para chegar nessa etapa, a reestruturação e a estabilização precisam ser completadas e; para isso, é necessário um alto índice de comprometimento. Aqui devem ser implementadas estratégias de rentabilidade de longo prazo e aumento de market share. Vale lembrar que um plano de ação bem-feito resultará não apenas na recuperação e no ganho de credibilidade, mas também em um crescimento orgânico e sustentável ao longo dos próximos anos.

ESTRATÉGIAS PARA O TURNAROUND

Uma série de estratégias pode ser aplicada em um processo de reposicionamento organizacional, e a escolha delas depende tanto dos empreendedores quanto dos gestores de turnaround. Ainda assim, quatro delas são as mais conhecidas e costumam ser as mais utilizadas: redução de despesas, reposicionamento, substituição e renovação.

Entre as ações previstas por elas, estão redução de custos; aumento dos investimentos e vendas, das receitas, da eficiência e da produtividade; redefinição dos ativos; desaceleração dos investimentos; e mudança de lideranças. Atitudes como diversificação do portfólio de investimentos, busca por inovações, foco em alterações nas áreas funcionais e aumento do controle financeiro também são citadas.

- **Redução de despesas:** Engloba diversas ações de curto prazo a fim de reduzir perdas financeiras, estabilizar a empresa e trabalhar para solucionar os problemas que tenham gerado a crise. A ideia é reduzir custos e também o tamanho do negócio — encolhendo-o por meio de estratégias previamente definidas —, evitando perdas financeiras e gerando a possibilidade de realocar recursos em atividades mais lucrativas. Muitas empresas

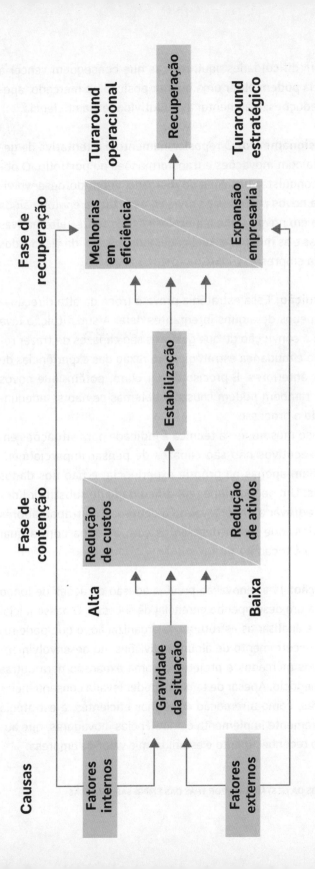

encontram dificuldades aqui, mas as que conseguem vencer a resistência podem obter uma melhor posição no mercado, apesar das reduções, e aumentar a produtividade e a eficiência.

- Reposicionamento: O reposicionamento é a tentativa de gerar receita com inovações e transformações no portfólio. O objetivo é conquistar posições no mercado. Além do desenvolvimento de novos produtos e serviços, essa tática engloba ainda a entrada em novos nichos, a exploração de fontes alternativas de receitas e as mudanças da imagem, da missão, da visão e dos valores da empresa.

- Substituição: Essa estratégia prevê a troca da alta direção — ou pelo menos de alguns integrantes dela. A substituição leva em conta a convicção de que gestores são capazes de trazer recuperação e mudança estratégica em razão das experiências de trabalhos anteriores. É preciso deixar claro, porém, que novos diretores também podem causar problemas se não se adequarem a todo o processo.

Por isso mesmo, essa técnica é indicada para situações em que os executivos não são capazes de pensar imparcialmente e confiam apenas na própria experiência, e não nos dados colocados. Um negócio que tem dificuldade de substituir líderes pode agravar a crise, levando à demissão de trabalhadores qualificados, que ficam descrentes com a forma com a qual esse barco é tocado.

- Renovação: Já a renovação prevê a adesão de ações de longo prazo para um desempenho gerencial de sucesso. O passo inicial para isso é analisar as estruturas da organização, o que pode resultar no encerramento de algumas divisões, no desenvolvimento de novos mercados e projetos ou uma expansão para outras áreas de negócio. Apesar de também poder levar a consequências indesejadas, como a remoção de rotinas eficientes, a estratégia costumeiramente implementa competências inovadoras, que aumentam o reconhecimento e estabilizam o valor da empresa.

Tomar a iniciativa e explicar fornecedores e instituições financeiras que os problemas estão sendo corrigidos geralmente ajuda, pois mostra que o empreendedor está preocupado e comprometido.

FATORES-CHAVE PARA UM TURNAROUND DE SUCESSO

Já deu pra perceber que não se trata de uma tarefa simples, ou simplesmente processual. Para um turnaround bem-sucedido, existem inúmeros obstáculos e desafios a serem vencidos. É preciso saber, por exemplo, qual o tipo de reestruturação mais adequado para a empresa e ainda como ele será executado a contento. Mais que isso, também deve-se pensar em como todo esse processo será explicado para os investidores, caso seu empreendimento os tenha. Mas alguns pontos-chave podem ajudar a passar pelos questionamentos de maneira um pouco mais tranquila.

Um deles é que você esteja focado em seu objetivo. No princípio, pode ser que nada saia do jeito que você planejou, mas é necessário perseverança e força para não deixar que o cansaço o vença. É importante lembrar ainda de não permitir que sentimentos de derrota transpareçam para a equipe – por mais que ela precise estar envolvida no processo. Isso porque a desmotivação pode prejudicar o atendimento ao cliente e, nesse momento, é preciso cuidar bem dele.

Mesmo assim, é importante dar um feedback aos colaboradores, até porque, como já vimos, o turnaround envolve uma série de alterações nas estruturas da corporação, a exemplo de mudança de lideranças, racionalização do portfólio ou mesmo investimento em TI. Diante de tudo isso, é preciso que os profissionais saibam o que está acontecendo.

Mais uma vez, e nunca é demais reforçar, esse não é um processo fácil de ser visto pelo lado do colaborador e nada pode ser feito sem que eles sejam informados e se sintam parte do projeto. Líderes transparentes passam uma sensação de confiança maior. Caso contrate um consultor, você pode avaliar a capacidade de que ele lide com o time de maneira construtiva.

E, por mais que um processo de recuperação seja assustador para os colaboradores, é fundamental que você tente manter o time coeso em torno desse sentido. Para isso, o trabalho deve acontecer com união e de maneira saudável. Pode não ser fácil, como nenhuma das outras tarefas até aqui, mas com a dedicação de todos certamente é possível.

Perceba ainda que outro fator para o sucesso do turnaround é o relacionamento com fornecedores e instituições financeiras. No caso dos fornecedores, um diálogo honesto pode ser uma ótima saída se a relação não tiver se deteriorado. Tomar a iniciativa e explicar a eles que os problemas estão sendo corrigidos geralmente ajuda, pois mostra que o empreendedor está preocupado e comprometido. Fornecedores mais experientes sabem que a probabilidade de receber seus pagamentos e de dar continuidade a uma relação lucrativa é maior se cooperarem.

Já com bancos e outros credores, a comunicação rápida e proativa é essencial. Como são altamente regulados, a preocupação dos gerentes vai além do reembolso e ser franco os auxilia para que cumpram as regras pelas quais são cobrados. Saber que especialistas estão cuidando da questão também costuma deixar os credores mais tranquilos.

TURNAROUND X DOWNSIZING

Embora possam soar inicialmente parecidos, o downsizing e o turnaround são bem diferentes entre si. Enquanto o primeiro prevê uma diminuição da força de trabalho que pode ser temporária ou permanente e tem como objetivo cortar custos, o segundo tem a redução dessas despesas como uma das etapas para a reestruturação e a recuperação do negócio, envolvendo ainda uma série de mudanças políticas, operacionais, gerenciais e/ou tecnológicas.

Muitas vezes, para que uma empresa consiga sua virada de jogo, é necessária uma redução no quadro dos colaboradores, ou um downsizing, mas nem sempre isso será obrigatório. Vale ressaltar que o downsizing procura enxergar onde estão as sobras e quais são as mudanças de estruturas possíveis após uma espiral de crescimento que pode ter deixado o negócio inchado ou mal dimensionado para o momento atual.

Na maioria das empresas, os cortes acontecem quando já se chegou a uma situação-limite, mas essa estratégia não é voltada apenas para momentos de crise. Promover cortes em um negócio que está indo bem pode parecer estranho, mas por vezes reduzir ineficiências quando os ventos estão favoráveis evita que os problemas se acumulem. Por isso mesmo, toda companhia precisa estar alerta às oportunidades de reduzir gorduras.

Líderes transparentes passam uma sensação de confiança maior.

11

A HORA DE SAIR E A HORA DE EXPANDIR O NEGÓCIO

163 Como fazer o valuation?

167 Aspectos para uma boa venda

168 Quando expandir

170 As possibilidades de crescimento

171 A necessidade de um Plano de Expansão

A verdade é que poucos são os que pensam nisso, mas, como empresário, é fundamental saber o momento certo para sair do negócio, que deve ser estratégico, não emocional. Isso porque, independentemente do tamanho de sua empresa, vendê-la no momento certo pode ser bem mais vantajoso do que parece. Não estamos falando aqui de se desfazer de um empreendimento fracassado, mas sim de um que opera a todo vapor. Pareceu estranho? Pois pense no jogador de futebol que pendura as chuteiras no auge da carreira.

Vejamos os motivos em relação ao que foi dito acima: se você espera muito, pode acabar se deparando com um período de recessão e um negócio que não vai vender no prazo em que talvez tenha necessidade. Já aqueles que vendem antes que a companhia esteja pronta podem terminar por trocar uma excelente ideia por alguns "trocados", saindo no prejuízo. Por isso mesmo, é preciso analisar bem o momento certo para sair e alcançar o melhor resultado que você poderia ter. Observar alguns fatores pode ajudar nisso.

O primeiro deles é a própria economia. Altos e baixos são algo completamente natural quando se fala nesse assunto e, após momentos de crise, ainda vêm os de recuperação antes que aconteça o boom novamente e tudo volte a se desenvolver. É quando tudo vai bem a hora certa de vender seu negócio. "Compre na baixa e venda na alta": o ditado do mercado financeiro vale também para o mundo empresarial. A regra só não é válida se você opera num ciclo diferente, prosperando em tempos de baixa.

Além disso, é importante compreender que, assim como a economia, as empresas também vivem ciclos: elas têm seu início, atingem o pico e chegam ao fim. Se uma companhia não se reinventa, eventualmente irá acabar, muito provavelmente engolida por outra mais inovadora. Por isso mesmo, é fundamental que você saiba reconhecer o tempo de seu empreendimento e possa sair no pico e lucrar mais com a venda. Os indicadores podem ajudar nisso e mostrar o momento ideal de venda.

Ele acontece justamente quando você está no ápice, durante um bom momento econômico. Alguns índices conseguem deixar isso claro e, portanto, vale observá-los. Fatores como o negócio estar em grande expansão ou crescendo, as taxas estarem com resultados positivos em vários períodos consecutivos, os concorrentes começarem a segui-lo e você estar fazendo mais dinheiro que antes são bons indicativos.

Com tantos resultados positivos, é tendência acharmos que a maré vai continuar boa e, por isso, vamos ganhar mais ficando onde estamos. Tenha em mente, entretanto, que possíveis compradores pagarão mais por uma organização comercial em crescimento do que por um em declínio. Essa deve ser a lógica a ser seguida, inclusive porque, como esse tipo de venda pode levar bastante tempo, é melhor oferecer o que se tem no ápice do que aguardar pelo declínio.

É bom esclarecer ainda que vender sua empresa não significa que você vá aposentar as chuteiras como o jogador de futebol que citamos há pouco. A venda, aqui, não significa a aposentadoria, nem mesmo a mudança de ramo. Pense nela com mais continuidade, a oportunidade de partir para um recomeço. Com o capital adquirido em uma boa transação, as possibilidades são muitas — você pode abrir outra empresa, investir nos mercados financeiro ou imobiliário ou ainda em qualquer outra forma na qual o dinheiro continue crescendo.

Informações históricas (passado)

Pressupostos de mercado (futuro)

Risco (custo de oportunidade)

Valor da empresa (Valuation)

Necessidade: investimentos (capex) e capital de giro
(prazos com clientes, estoques, prazos com fornecedores etc)

Projeção de lucros operacionais futuros

COMO FAZER O VALUATION?

O valuation pode ser entendido como um conjunto de métodos financeiros para determinar o valor justo de um negócio. É a ciência que serve para atribuir preço de mercado a uma empresa. Embora esse possa ser um estudo complexo, sua premissa é simples: o número será proporcional aos rendimentos futuros que a organização ainda é capaz de gerar. Explicando melhor: é quanto ela gerará de lucro – ou fluxo de caixa positivo – durante sua existência. O valuation pode ser feito por diversas metodologias:

- **Fluxo de Caixa Descontado:** Também chamado de DFC (Discounted Cash Flow), esse é o método mais utilizado em todo o mundo. Ele consiste na projeção dos fluxos de caixa futuros de uma empresa e na aplicação de uma taxa de desconto para trazê-los ao valor presente. Como os fluxos de caixa positivo perdem valor ao longo do tempo, há a necessidade de calcular uma taxa de desconto à medida que o tempo avance.

Esse método é composto por três etapas:

1. Estimar o fluxo de caixa (montante recebido menos o montante gasto) da empresa para os próximos períodos.

2. Definir a taxa de desconto, baseando-se no risco da empresa de acordo com outras oportunidades de investimento, como a bolsa ou a poupança.

3. Trazer os resultados para o valor presente e somá-los.

- Múltiplos de mercado: Essa técnica se baseia em encontrar indicadores de empresas do mesmo setor e relacionar ao seu valor de mercado. Normalmente, é utilizado o faturamento ou o lucro, com a ressalva de que negócios em etapas diferentes tem também rentabilidades diferentes. Para o ramo da internet, podem ser utilizados indicadores como usuários ativos ou assinantes. O método, porém, apresenta uma série de defeitos, sendo o mais crucial não levar em consideração os ativos intangíveis, como a marca.

- Liquidação: A liquidação é mais comum quando a empresa está encerrando suas atividades e, ainda assim, não é muito utilizada, visto que não é vantajosa para o vendedor. Ela tem como base somente quanto a empresa conseguiria em seus ativos tangíveis — propriedades, veículos, equipamentos, máquinas etc. — em um curto espaço de tempo.

- Contábil: Semelhante à liquidação, mas não leva em consideração a variável tempo. Em vez de considerar quanto a organização conseguiria pelos ativos em pouco tempo, ele utiliza os valores registrados no Balanço Patrimonial, descontados de sua depreciação ou sua amortização. É uma metodologia ruim para empresa enxutas.

Apesar das formas matemáticas e do uso de modelos quantitativos, avaliar o valor de um negócio envolve ainda conhecimento do mercado e do setor, perspectiva estratégica e atributos técnicos. Mesmo assim, vale ressaltar que os resultados podem ser variáveis, uma vez que não há uma forma definitiva para esse cálculo. Por isso, é fundamental que o empreendedor tenha conhecimento a respeito de sua área de atuação.

Vale lembrar que o valuation é um dos pilares da análise fundamentalista, que busca responder se fatores essenciais para o sucesso da empresa favoráveis. Entre eles, crescimento, lucratividade, mercado, concorrência, ferramentas de gestão, surgimento de novas tecnologias, previsão da elaboração de novas leis para o setor, capital humano e a economia como um todo. Com o valuation, o empresário tem o diagnóstico completo da sua organização.

Isso porque, para que ele possa ser feito, são apresentadas informações econômicas e financeiras para o cálculo do valor (Valor Presente – VPL) e os fundamentos da empresa (produtos, serviços, know-how e diferenciais competitivos). Também são projetadas taxas de crescimento considerando o ambiente macroeconômico, a relação risco e retorno do investimento e o payback (prazo de retorno do investimento) para o investidor.

Além disso, o valuation ainda estabelece margens e parâmetros que devem ser bem entendidos para que se faça uma boa venda. Depois dessa avaliação, são iniciados os processos de negociações respaldados tecnicamente. Isso não só permite a sustentação dos valores pretendidos como também ajuda a fugir das objeções naturais dos compradores, que sempre buscam jogar o preço para baixo. Vale destacar que, independentemente da transação, essa é uma ferramenta de estratégia empresarial e deve ser focada para geração de valor da empresa.

Ficou confuso ou em dúvida? Não se preocupe, como os cálculos costumam ser complexos, existem contadores e empresas de consultoria especializada disponíveis para isso. Há ainda as empresas de intermediação e brokers que fazem o intermédio da venda e, em geral, ficam com um percentual que varia de 5% a 10%, dependendo do valor.

Se um negócio não se reinventa, eventualmente acabará, muito provavelmente engolido por outro mais inovador.

ASPECTOS PARA UMA BOA VENDA

- **Prepare o negócio:** É preciso ter toda a documentação necessária para que o comprador possa analisá-la no momento da venda. Faça uma auditoria em todos os setores para ter em mãos dados precisos sobre estrutura de custos, clientes ativos, quantidades de vendas e lucratividade, entre outros. A recomendação é que você prepare inventários e planos detalhados, esclarecendo tudo o que faz parte do pacote

- **Chegue a um acordo com os sócios:** Se sua empresa é uma sociedade, o tema precisa ser muito bem discutido com o sócio ou os sócios. Nesse caso, a estratégia precisa ser minuciosa e, caso os documentos originais da sociedade não incluam uma previsão de partilha em caso de transição, você deverá criar uma consultando todos os envolvidos. Esteja preparado também para a possibilidade de um dos sócios não concordar com a venda.

- **Esteja disponível para uma auditoria:** Além de preparado para a negociação, lembre-se de que você precisa estar aberto a uma auditoria. É importante que você esteja pronto para aceitar a fase de due diligence, em que o comprador faz a conferência de todos os dados e informações do negócio.

- **Não esqueça dos colaboradores:** Uma transação desse tipo envolve não só os ativos, mas também todo o capital humano da empresa. É importante traçar o destino dos colaboradores envolvidos e saber se eles serão ou não absorvidos pela nova administração para que possam ser avisados e, depois de tanto esforço trabalhando ao seu lado, não sejam pegos de surpresa.

- **Faça um memorando de intenções:** O MoU, sigla para Memorandum of Understanding, tem características para além do valor da companhia. Nele, devem constar prazos e condições de pagamento, responsabilidades que serão assumidas após a venda, garantias, remuneração dos sócios, regras de saídas futuras da sociedade, atuação na gestão, regras de demissões etc.

- Saiba negociar: Esse é um dos momentos mais importantes para a transação, e o empreendedor deve manter total transparência em relação aos dados da empresa. Também é recomendável conversar com os interessados de maneira particular, sem estabelecer o preço de venda imediatamente. Exija deles a mesma transparência e peça referências, pois é preciso analisar a capacidade financeira de quem vai comprar. Serviços de consultoria especializados estão aí para ajudar e recorrer a eles pode fazer a diferença no sucesso da negociação.

- Lembre-se da tributação: Na hora de fazer planos para o futuro com o capital advindo da venda, leve em consideração a tributação que incidirá sobre a quantia. As porcentagens são variáveis – inclusive diferenciando o ganho para pessoas físicas e jurídicas –, então lembre-se dessas taxas quando for calcular os valores líquidos aos quais terá acesso.

QUANDO EXPANDIR

Contudo, se por enquanto você não pensa em deixar seu negócio de lado, mas sim em expandi-lo, saiba que isso requer o mesmo grau de análises e planejamentos. É preciso colocar os pés no chão, os números na mesa e avaliar as possibilidades – inclusive o capital necessário para ir à frente com esses investimentos. O primeiro passo é saber se realmente chegou a hora certa e para não correr o risco de fracassar é importante refletir sobre o tema.

Antes de tomar qualquer decisão, responda algumas perguntas e seja o mais imparcial possível nas respostas de acordo com o cenário real. Isso porque, quando se deseja muito uma coisa, no caso aqui, crescer, é comum não "ver" o que não se quer. Será que você já extraiu o máximo possível da empresa no panorama atual? Já estudou o mercado e realizou avaliações suficientes? Vai conseguir manter a qualidade das entregas mesmo após a expansão? Os questionamentos realmente são muitos. Ponderar a respeito de tudo isso, porém, não tem como objetivo levá-lo a desistir, mas sim estabelecer o nível de amadurecimento da organização – e também o seu – para que a tarefa seja possível.

Mais do que isso, é fundamental definir o tipo de expansão desejado. Ela pode vir em muitas formas, desde a abertura de filiais ao crescimento do portfólio, por exemplo. Infelizmente, como em diversas outras frentes do mundo empresarial, aqui também não há fórmula mágica. A boa notícia, contudo, é que algumas alternativas podem ajudar você aqui: aperfeiçoar a oferta, inovar, ampliar a escala de produção e adquirir outros negócios – e esses elementos ainda podem ser utilizados em conjunto em sua estratégia de crescimento.

Alguns sinais podem lhe mostrar que chegou a hora para isso e um deles, se não o principal, é constatar que seus objetivos foram atingidos. Esse é um grande elemento a ser verificado antes de considerar uma expansão. Se a resposta for positiva, você pode começar a pensar no assunto – mas se isso aconteceu há apenas alguns meses, espere um pouco mais para ver se a tendência se consolida. Caso você consiga superar as expectativas um mês após o outro, pode ser a hora de dar um passo à frente.

Só que não acaba por aí. Para saber se uma empresa está pronta para expandir, é necessário um enorme estudo de mercado. Há público-alvo suficiente para justificar o investimento? Será possível atender a demanda sem sacrificar a qualidade? Os preços continuarão os mesmos? Não é saudável deixar a ambição de ter um negócio maior fazer com que você deixe a racionalidade de lado.

Outro aspecto a ser considerado é o crescimento exponencial do trabalho dentro de seu negócio. Caso você e os membros de sua equipe estejam com excesso de trabalho, esse é um dos sinais que talvez seja preciso contratar mais, expandindo, assim, a parte estrutural. Fique atento ao acúmulo de tarefas e a reclamações dos clientes quanto à queda na qualidade do atendimento. Nesses casos, é preciso de uma mãozinha extra para não prejudicar sua qualidade e sua reputação.

AS POSSIBILIDADES DE CRESCIMENTO

Se depois de analisar tudo isso você chegou à conclusão de que é o momento certo para expandir os horizontes, tenha em mente que isso pode acontecer de diferentes maneiras, das mais simples e baratas até as mais complexas. Uma, por exemplo, é aumentando seu portfólio. Apesar de parecer fácil, tenha em mente que antes é preciso saber o que os clientes realmente desejam. Faça pesquisas de mercado e analise se existe demanda para novos produtos ou serviços e também quanto custaria produzi-los. Vá com calma e com consciência para que a rentabilidade e a lucratividade não acabem sendo afetadas.

Outra forma mais elementar é expandindo sua presença de mercado, o que não exige que você traga novidades, mas que tenha uma estratégia para vender mais do mesmo, ou seja, continuar vendendo o que você já vende a um público que já é cativo. Mais uma vez entra a pesquisa de mercado a fim de que você possa conhecer mais a fundo quem são seus consumidores, o que auxilia a direcionar melhor os esforços de marketing para grupos específicos. Quando o negócio está crescendo bem, também pode ser considerada a abertura de mais pontos de venda.

Caso esses estudos mostrem boas oportunidades, você pode pensar ainda em ir para mercados não explorados, sejam eles novos consumidores, uma nova cidade ou até mesmo um novo nicho ou uma faixa etária. Também é possível fazer parcerias com outra empresa, unindo clientes e aumentando a vantagem comercial. A ideia é que sejam oferecidas opções que não são fornecidas por você, mas para as quais há demanda. Tenha em mente que é preciso analisar bem o parceiro e a capacidade produtiva, tendo em vista que a ampliação das vendas vai demandar aumento da produção.

Na contramão dessa alternativa está a compra de um concorrente. Esse é um caminho não orgânico, ou seja, no qual o crescimento não parte de elementos internos. Comprar um concorrente ou fundir seu negócio com outro do mesmo ramo é uma maneira rápida de incrementar as vendas e aumentar o público consumidor. Lembre-se, porém, de que isso pode ter custos elevados e deve ser levada em consideração a sinergia entre os empreendimentos. Pense ainda que diminuir custos fixos, alcançar escala e aumentar a cartela de clientes devem ser prioridades.

Uma possibilidade menos arriscada de expansão é a ampliação dos canais de venda. Só vende em lojas físicas? Tente o e--commerce. Já está na internet? Teste serviços de assinatura. Empresas que focam em apenas um canal limitam suas possibilidades, enquanto aquelas que oferecem todas as alternativas possíveis têm mais facilidade para alcançar novos usuários. Mas coloque tudo no papel antes de tomar a decisão, uma vez que muitas vezes é necessário investir tempo e capital para que os canais deem o resultado esperado.

Paralelo a todas essas, outras duas possibilidades permitem que você possa expandir seus horizontes. Ambas, porém, exigem uma marca já conhecida no mercado. Vamos começar pelo franchising. Fazer o franqueamento requer uma análise da situação da empresa, tanto nos aspectos legais quanto nos internos, assim como um planejamento estratégico para evitar problemas posteriores. O franqueado paga uma taxa para reproduzir seu modelo, mas, no início, você precisará auxiliar no gerenciamento das franquias.

Já no licenciamento sua marca é licenciada para outras organizações, que pagam royalties sobre as vendas realizadas — apesar de outras empresas venderem seus produtos, elas não têm o conhecimento para produzi-los. A vantagem é que o processo é mais simples e rápido, e o investimento é baixo quando comparado com outras formas de expansão do negócio. Para ser licenciada, entretanto, a marca precisa ter registro no Instituto Nacional de Propriedade Industrial (INPI).

A NECESSIDADE DE UM PLANO DE EXPANSÃO

Para buscar essas formas de crescimento, é interessante que você pense em montar um Plano de Expansão Empresarial para analisar a fundo todos os aspectos envolvidos nessas transações. Caso a transação seja mal planejada, o negócio corre o risco de perder o foco, levando a uma queda na qualidade dos produtos e serviços e, consequentemente, ao aumento nas reclamações dos clientes. O maior risco é que a concorrência acabe abocanhando seu mercado ao fisgar os insatisfeitos.

Diante disso, o plano vai pensar na viabilidade do investimento e mapear toda a situação institucional. Dentre algumas opções de metodologias existentes no mercado, as mais utilizadas são a estruturação de uma Matriz SWOT, que ajudará a enxergar o que há de favorável e desfavorável nessa situação, e em seguida, o uso do 5W2H para a implementação.

Análise SWOT – FOFA

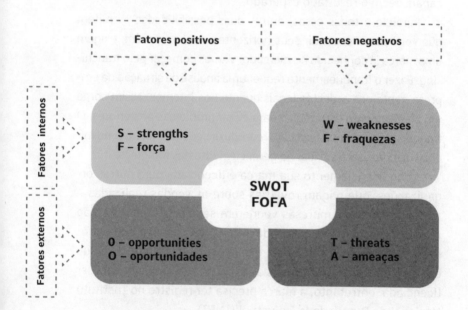

Resumidamente, a Matriz SWOT vai listar suas Forças (Strenghts) e Fraquezas (Weaknesses), isso num ambiente interno, e as Oportunidades (Opportunities) e Ameaças (Threats), no que diz respeito ao externo. Considerando tudo que contribui e o que pode dificultar e, portanto, precisa ser revisto, fica mais fácil traçar melhor um plano estratégico.

Depois do cenário mapeado, é hora de criar uma estrutura para guiar o processo e controlar as atividades e os responsáveis envolvidos. É aí que entra o sistema de 5W2H. Consistindo em uma lista de perguntas para orientar o pensamento e cercar as preocupações com cada atividade, ele mantém o foco ao mesmo tempo que determina um escopo bem definido para a ação.

Para cada tarefa a ser realizada, é preciso responder o que será feito (1W), por que será feito (2W), onde será feito (3W), quando será feito (4W) e por quem será feito (5W), além de como será feito (1H) e quanto custará (2H). Com tudo isso respondido, o plano de expansão pode ser devidamente estruturado para ser colocado em prática. Lembre-se de que toda expansão precisa ter um acompanhamento criterioso para acompanhar cada fase.

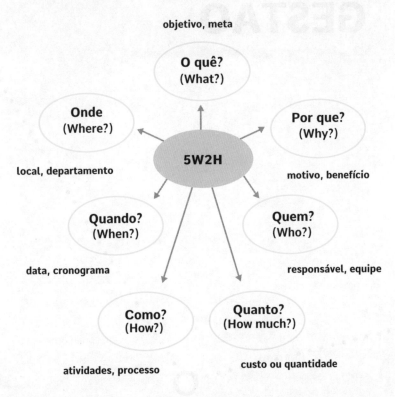

12

FERRAMENTAS PARA AJUDAR NA GESTÃO

Como sempre dizemos e ficou claro em todo este livro, a tecnologia é fundamental para que ocorram transformações em uma organização. Porém, romper barreiras culturais é mais importante. Verifique o seu tipo mais adequado de cultura para o atual ambiente de negócios. Nesse sentido, antes de lhe apresentar as ferramentas digitais essenciais em cada área para implantar tudo o que explicamos neste livro, trazemos mais uma provocação:

Por que não fazer o básico primeiro? Existe uma frase em inglês: DO THE SIMPLE THING FIRST (Faça a coisa mais simples primeiro). Pois bem, exatamente por isso, antes de elencar as ferramentas digitais mais atuais para ajudar na Gestão, trazemos o exemplo e o modelo simples do DIÁRIO DE BORDO.

O Diário de Bordo é um documento impresso criado para o controle das atividades e dos seus supostos problemas em decorrência delas. Apesar de o conceito ter surgido e estar relacionado às atividades náuticas, foi disseminado para a aviação e, em seguida, para quase todo tipo de empreendimento.

Nas empresas, o Diário de Bordo permite que a liderança tenha conhecimento de todas as adversidades ocorridas. Com esse registro, fica muito mais fácil encontrar os responsáveis por elas e identificar o que aconteceu para que surgissem. Implantá-lo não requer grandes tecnologias ou profissionais específicos. Inicie elaborando um formulário de troca de turno, se possui turno, ou de encerramento do dia, se trabalha em horário comercial. A sugestão é que seja feito um por área, para que a organização e o preenchimento sejam mais fáceis. Nele, coloque os campos:

– Data

– Setor (TI, Desenvolvimento, Comercial, Administrativo, Financeiro etc.)

– Responsável pelo preenchimento

– Participantes ou responsáveis pela operação

– Quantidade de trabalho executado (diga quanto foi produzido dos produtos e serviços da área)

– Ocorrências (problemas)

Por que fazer isso? Assim, a gestão terá rastreabilidade do que aconteceu em cada área e a cada turno. Quanto foi produzido? Quem eram os responsáveis pela produção? Houve problema? As situações registradas na folha exigem alguma contramedida? Há problemas novos? Responder esses simples questionamentos pode ajudar bastante a ter uma administração mais eficaz e voltada para a correção de falhas.

DIÁRIO DE BORDO

GeRot		

DEPTO: RECURSOS HUMANOS

NOME:

MÊS:

AGENDA DIÁRIA

ATIVIDADE	1	2	3	4	5	6	7	8	9	10	11	12	13	14	15	16	17	18	19	20	21	22	23	24	25	26	27	28	29	30	31

AGENDA SEMANAL/QUINZENAL

ATIVIDADE	S1	S2	S3	S4

AGENDA MENSAL

ATIVIDADE	DATA

_____
Gerente/Supervisor

_____
Diretoria

DESCRIÇÃO DAS ATIVIDADES DO DIÁRIO DE BORDO

GeRot	DEPTO:	RECURSOS HUMANOS
	NOME:	Karen Costa

AGENDA DIÁRIA

ATIVIDADE	DESCRIÇÃO
Ler e responder e-mails	Respondo e-mails com solicitações gerais de colaboradores.
Aniversariantes	É necessário verificar a planilha de aniversariantes, encaminho caixa de bombom com uma carta ao aniversariante do dia para as bases externas. Para os internos, é entregue uma carta em nome da empresa parabenizando por seu dia.
Acompanhamento de pendências	Cobrar supervisores de situações pendentes.

AGENDA SEMANAL/QUINZENAL

ATIVIDADE	DESCRIÇÃO
Agenda do psicólogo	Administração da agenda do psicólogo (divulgação, horários e reserva de sala).
Integração	Apresentação do Grupo, vem como cronograma conciliando todos os departamentos necessários a se apresentar. Também é feita a impressão dos materiais que são disponibilizados aos colaboradores em seu ingresso.
Formulários	Imprimir, entregar e tirar dúvidas referentes a todos os formulários de integração.
Confecção de crachás	Gerar planilha com dados necessários para confecção do crachá, encaminho a mesma via e-mail.
RH VIDA	Inclusão de novos colaboradores no sistema; Administração de exames admissionais / demissionais e novas filias.
Exames admissionais / demissionais/ periódicos	Através do sistema próprio RH VIDA, gero uma guia para os colaboradores realizarem exames. Feito isso, agendo o exame e direciono o colaborador.
Recrutamento	Busca de CVs e anúncio de vagas em sites / jornais / Facebook e outros meios de comunicação.Após a triagem dos CVs, é realizado o agendamento das entrevistas.
Pesquisa de antecedentes dos candidatos	A pesquisa é realizada na pré-aprovação do candidato, onde buscamos referências profissionais e antecedentes criminais. É sigilosa e corresponde apenas ao Departamento de RH.
Admissão	Após o candidato ser aprovado, entro em contato para direcioná-lo, solicito documentação e o preparo para o início.
Entrevista de desligamento	Entregar ao colaborador que está sendo desligado a entrevista de desligamento, após o seu preenchimento, encaminho ao gestor responsável pelo líder.
Demissão	Gero a guia do exame demissional, encaminho o mesmo para o local do exame. Entro em contato com o colaborador para que a guia seja entregue a RH.
Comunicados gerais	Achados e perdidos, solicitações de outros departamentos como mudança de funções ou e-mails.
Acompanhamento de reclamações	Acompanhamento de resoluções de reclamações que ocorrem durante o mês, as soluções são apresentadas na reunião de resultados.
Caixa de sugestões	Pego as sugestões / reclamações / elogios das caixinhas, estas são passadas para um documento em Word no servidor, após isso, a Vanessa passa para a diretoria.
Projetos endomarketing	Quando acontece alguma ação endomarketing, dou suporte e apoio a eles.
Manicure	Responsável por controlar o agendamento e o pagamento da manicure.
Infrações	Responsável por cobrar os supervisores sobre o parecer de infrações.
Treinamento	Divulgação do processo interno, controle das candidaturas e agendamento do processo.

	ATIVIDADE	DESCRIÇÃO
AGENDA MENSAL	Reunião de Resultados – FAROL	Apresentação dos resultados à diretoria da empresa.
	Relatórios gerais	Mensalmente, faço os relatórios onde os resultados são apresentados no FAROL, Tais como turnover, absenteísmo e contratações.
	Cargos e salários	Levantamento de dados dos colaboradores que estão no mês de aniversário dos cargos e salários.
	RH VIDA	Envio de relatório com entradas e saídas de colaboradores de todo o grupo.
	Solicitação de material de escritório	É enviado à Giseli a lista de material de escritório.
	Lista de aniversariantes (bases externas)	É levantada uma lista com todos os aniversariantes do mês das bases externas, para que, através dela, seja realizada a compra das caixas.
	Compras diversas	Solicitar à Giseli compras de material de escritório, alimentos para a cozinha, produtos de limpeza etc.
	Cursos e treinamentos externos	Responsável por elaborar o pacto de permanência dos colaboradores e, quando o curso é 100%, realizo todo o trâmite desde a matrícula até encaminhar o pagamento ao financeiro.
	Jovens aprendizes	Sou a tutora dos jovens na instituição (SEST SENAT). Mesalmente ela me encaminha um relatório de presença e eu encaminho ao DP. Também faço o acompanhamento dos jovens e sou o contato para qualquer problema que venham a ter.
	Temporários	É responsabilidade do RH encaminhar à Global Empregos a folha de ponto dos colaboradores temporários. Em caso de dúvidas ou problemas, os mesmos procuram o RH. Faço a confirmação para a Global dos colaboradores que ainda estão ativos para que o adiantamento/pagamento seja efetuado.
	Avaliação de desempenho (bimestral)	Foi implantada a avaliação de desempenho que será realizada a cada dois meses. Assim, acompanharemos as melhorias e desenvolvimentos dos gestores.
	Pesquisa de clima (anual)	Anualmente, é feita a pesquisa de clima, cujo objetivo é identificar os pontos que a empresa tem a melhorar e a satisfação dos colaboradores.

Outra dica importante é que, além do Diário de Bordo, a gestão para manter pode utilizar checklists diários, semanais e mensais. Esse é um instrumento útil para garantir que as ações mais importantes estão sendo executadas e transforma o gestor em um piloto de avião, que, antes de decolar, faz uma série de verificações para garantir que todos os procedimentos da aeronave foram realizados. Nas empresas, é comum o gestor se surpreender com a quantidade de atividades de suma importância que terminam esquecidas.

Se pensarmos na área comercial, por exemplo, o Checklist de Gestão tem várias perguntas sobre os tão importantes e esquecidos "acompanhamentos" ou "follow-ups" dos interessados. Já na área financeira, deve ser analisado se todas as notas fiscais emitidas têm aprovação e se o documento para que sejam pagas foi enviado ao setor. Essa simples verificação reduz o custo de juros, multas e até custas cartoriais, caso a cobrança vá para o cartório.

No entanto, para que o Diário de Bordo e o Checklist funcionem perfeitamente, os processos, pelo menos os críticos, precisam estar mapeados. Sem isso, como você saberá o que cada setor produz ou se a missão foi devidamente cumprida? Daí a importância do mapeamento dos processos críticos, aqueles relacionados à atividade principal do negócio e também os que, se não realizados, param sua operação. Pagar os colaboradores, emitir nota fiscal, cuidar dos processos para manutenção são apenas alguns deles. Como regra prática, costumamos falar que são aqueles que, se alguém deixar de fazer, você saberá em menos de um dia e o esforço para arrumar o estrago será grande.

Um processo crítico muitas vezes esquecido em e-commerce é a integração do saldo de produtos no site com o sistema de controle de estoque (ERP) e o estoque físico. É corriqueiro, por exemplo, que mercadorias sejam movimentadas no estoque físico, mas não sejam atualizadas nos sistemas. O que acontece é que, quando um cliente efetua uma compra, cria-se um problema sem tamanho, porque não haverá material para ser entregue, o que certamente o deixará descontente.

Depois de mapear esses processos críticos, é hora de padronizá-los. Esse assunto geralmente causa arrepios, pois logo vem à mente a imagem daqueles manuais de muitas páginas que ninguém lê e acabam deixados de lado. A boa notícia, entretanto, é que hoje o uso da tecnologia ajuda muito – vídeos simples e rápidos, com custo acessível, ensinam como padronizar seus processos. Isso, aliás, deveria ser uma das principais tarefas de qualquer empresa, visto que é assim que se consegue manter a qualidade e os custos.

Com a padronização, você conseguirá escalar mantendo o mesmo nível de qualidade. Isso é fundamental em startups, haja vista que são negócios pensados para escalar com rapidez. Muitas delas conseguem fazer crescer rapidamente o número de clientes, mas não conseguem entregar na mesma proporção. Ou conseguem a custos maiores que as receitas, uma vez que precisam de profissionais muito mais capacitados para contornar a falta de padrão.

Outra razão para padronizar: você não ficará refém do colaborador. E, se nessas horas você não possuir um padrão que capacite outro colaborador a realizar rapidamente as mesmas atividades, estará em maus lençóis.

Mas, como dissemos, deixamos a dica básica e as explicações do diário de bordo de propósito para entender que também precisa de controle e medir para gerir seja ela ainda no papel como o Diário de Bordo, seja o controle feito via sistemas e nas nuvens acessível em qualquer lugar como algumas das ferramentas essenciais de GESTÃO, que elencamos a seguir.

AGENDOR – www.agendor.com.br

Trabalhando como CRM, ou ferramenta para a gestão de relacionamento com o cliente, esse aplicativo consegue organizar e otimizar os processos de venda. Com ele você consegue acompanhar todos os vendedores da sua empresa, sabendo o rendimento de cada um, além de entender em qual estágio de venda cada cliente está, acompanhar os processos e agendar notificações e tarefas. São vendidos diversos planos de acordo com o número de usuários que terão acesso à plataforma – que é gratuita para até duas pessoas. Na versão paga, não há limites de armazenamento ou cadastro.

CELERO – www.celero.com.br

Reduza a rotina financeira de semanas para horas. Esta plataforma deixa no automático as tarefas financeiras da sua empresa.

CERTUS – www.certus.inf.br

Um ERP completo que visa auxiliar os usuários e impulsionar a produtividade da sua indústria, obtendo análises na Gestão Comercial, Compras, Produção, Financeira e de Estoque.

CONTABILIZEI – www.contabilizei.com.br

É um escritório de Contabilidade com a missão de democratizar a contabilidade para micro e pequenas empresas de todo o Brasil, apresentando uma contabilidade simples e prática para controle diário.

CONTA AZUL – www.contaazul.com.br

Nesse sistema de gestão financeira, você controla e acompanha dados gerais da empresa, a exemplo de fluxo de caixa, saldos bancários e controle de estoque. O Conta Azul ainda emite notas fiscais eletrônicas integradas ao processo de vendas e dá acesso ao seu contador, pelo sistema, a documentos fiscais e dados de contabilidade. Os planos são pagos.

CONTENTOOLS – www.contentools.com

Acompanhe o seu marketing de conteúdo e nunca mais perca um prazo. Esqueça os segmentos de e-mail, planilhas e falta de dados. Centralize sua operação de marketing de conteúdo: planeje, gerencie, colabore, publique. Tudo em um só lugar.

CONVENIA – www.convenia.com.br

O Convenia é um software de software de gestão voltado para o setor de Recursos Humanos. Além de armazenar as informações sobre os colaboradores, ele ainda gerencia benefícios, relógio de ponto, férias e folha de pagamento. Cada colaborador recebe um login e também consegue ter acesso aos próprios dados. A ideia aqui é deixar arquivos de papel e processos manuais de lado, diminuindo a chance de erros.

CONTROLLE – www.controlle.com

Sistema completo e não complexo. Controle Financeiro, emissão de notas fiscais, propostas comerciais. Conheça todos os recursos que irão levar sua empresa para o próximo nível.

DESKMANAGER – https://deskmanager.com.br/

É um software *omnichannel* de suporte ao cliente que organiza, separa e finaliza os tickets da sua empresa.

DINAMIZE – https://www.dinamize.com.br/

É uma plataforma completa com vários sistemas de Automação de Marketing Digital para implementação de metodologias como o Inbound Marketing.

EVERNOTE - www.evernote.com

Juntando informações do seu celular, do computador e da web, o Evernote funciona como uma plataforma organizacional que coordena anotações em um banco de dados. O aplicativo, que tem três versões (basic, plus e premium) também grava áudios e pode ser utilizado como agenda ou como um sistema colaborativo de criação, uma vez que é possível compartilhar as anotações. No sistema dá para capturar imagens e páginas na web, buscar textos e até fazer anotações em PDF.

GUPY - www.gupy.io

O sistema de recrutamento e seleção que automatiza e humaniza seus processos para você ser mais eficiente. Estruture e centralize todo o seu recrutamento e seleção em uma única plataforma. Criação, divulgação e gestão de vagas e candidatos com a inteligência artificial pioneira em R&S no país.

HOOTSUITE - https://hootsuite.com/pt/

Conectando todos os perfis do seu negócio em um só lugar, o Hootsuite otimiza o uso das mídias sociais do empreendimento, fazendo com que o gerenciamento e o monitoramento delas sejam mais fáceis e ocupem menos tempo. A ferramenta permite agendar publicações de até dez perfis e analisar os resultados delas em tempo real. O valor dos planos varia de acordo com a quantidade de usuários.

HUBSPOT - www.hubspot.com

Com recursos que vão da criação de Landing Pages para incrementar a conversão em seu site ao envio de e-mails, o Hubspot é uma das ferramentas mais completas de marketing digital. Ela possui versões individuais, focadas em inbound marketing, e outras mais completas, com testes A/B, relatórios avançados e integração com CRM, entre outros. Ele também permite a integração com ferramentas de Search Engine Optimization (SEO).

LEADLOVERS – www.amoleads.com.br

Aumente as vendas do seu negócio físico ou on-line com automação de marketing digital. No Leadlovers você encontra todos os recursos necessários para construir a sua estratégia do zero.

GLASSDOOR - www.glassdoor.com.br

É uma plataforma on-line que ajuda profissionais a encontrarem o emprego ideal, avaliada por profissionais.

MAGNET COSTUMER - www.magnetcustomer.com

Ferramenta de pós-venda, para gerar negócios e construir relacionamento com seus clientes. Para ajudar na Gestão das empresas que possuem necessidade de manter relacionamento ativo com seus clientes. Esta aplicação ajuda na gestão de relacionamento com seus clientes, permitindo ao seu time de atendimento criar uma jornada de sucesso singular para seus clientes.

MEETIME - www.meetime.com.br
Aumente a produtividade da sua prospecção; faça reuniões on-line; ouça as gravações das ligações e acompanhe a rotina dos vendedores em uma única ferramenta.

NIBO - www.nibo.com.br
Gestão financeira simples e eficiente. Acompanhe seu fluxo de caixa, organize suas contas a pagar e receber e automatize seu processo de cobrança. Tudo de maneira integrada com seu contador.

NOVARE - http://www.novare.com.br
Gestão de portfólio e acompanhamento de KPIs.

PIPEDRIVE - https://www.pipedrive.com/pt
Adorado pelas startups do Vale do Silício e com site e suporte também em português, o Pipedrive gerencia o seu pipeline de vendas através de uma interface simples e intuitiva.

PIPEFY - www.pipefy.com
Controle seus processos intuitivamente, saiba o que está atrasado ou no prazo e gerencie melhor a produtividade. Analise os dados do processo e descubra maneiras de melhorar a produtividade do seu fluxo de trabalho gerando relatórios regularmente.

PLAYBOOK - www.playbookhq.co
A causa invisível e nefasta dos atrasos nos projetos são prioridades corretas. A maior causa de projetos lentos é que as pessoas estão trabalhando na coisa errada na hora errada. O Playbook torna as prioridades corretas claras para todos, em todos os seus projetos, todos os dias.

PONTOMAIS - www.pontomais.com.br
É um sistema de controle de ponto e gestão de jornada on-line que permite registro de ponto via web, aplicativo (app), QR Code e reconhecimento facial.

QUICKBOOKS - https://quickbooks.intuit.com/br/
Esse programa simula uma planilha financeira, na qual você é capaz de controlar fluxo de caixa, dívidas a pagar, contas bancárias e rendimento. No Quickbooks também é possível gerar recibo, emitir boletos e a importação por outros sistemas e planilhas.

RAMPER- www.ramper.com.br
O Ramper é uma plataforma de prospecção digital que ajuda empresas B2B a gerarem os leads de que precisam para bater metas e crescer.

RD STATION - https://www.rdstation.com/
Essa plataforma com ferramentas de marketing digital e vendas consegue automatizar diversas atividades, como o disparo de e-mails e a criação de fluxos, por exemplo, e centraliza todos os dados a respeito de campanhas e ações, com a emissão de relatórios para acompanhamento e planejamento. O RD Station também pode ser utilizado como parte de sua estratégia de SEO, uma vez que, analisando suas palavras-chave, lhe mostra caminhos para que você possa aparecer entre os primeiros lugares de busca orgânica em sites como o Google. A ferramenta ainda possibilita o agendamento de publicações e o gerenciamento de conteúdos nas redes sociais.

RECRUIT'EM - https://recruitin.net/
Ferramenta gratuita on-line, o Recruit'em consegue ajudá-lo a encontrar bons candidatos via redes sociais. As pesquisas são feitas em LinkedIn, Google+, Twitter, GitHub, Xing e Stack Overflow. Além da abrangência, outro ponto positivo é a facilidade no uso: basta entrar no site, escolher localização e tipo de vaga, incluir ou excluir palavras-chave e adicionar o nível educacional esperado. A busca apresenta os candidatos que mais se encaixam no perfil.

ROCKJOBS - https://vagas.marketingdeconteudo.com/

Já o Rock Jobs é um banco de vagas nacional voltado especificamente para profissionais de marketing e vendas. Lá, você pode cadastrar as vagas disponíveis no seu empreendimento e os interessados cadastram seus currículos. Também é possível buscar candidatos utilizando palavras-chave e localização, além de filtros de refinamento. A ferramenta é gratuita.

RUNRUN.IT - http://runrun.it

É um gestor on-line para organizar tarefas e integrar equipes. Nele você centraliza informações que ficam dispersas em e-mails, mensagens e post-its, formaliza relações sem a temida burocracia, e pode conduzir com embasamento o fluxo de trabalho.

SENSEDATA - www.sensedata.com.br

Garante o seu sucesso através do sucesso dos seus clientes. O software Customer Success do Brasil usa tecnologia para construir relacionamentos de confiança entre a sua empresa e os seus clientes.

SLACK – www.slack.com

Ao longo de todo o livro reforçamos várias vezes a necessidade de uma boa comunicação dentro do seu negócio. Uma ferramenta pensada para melhorar esse aspecto é o Slack, um aplicativo com versão web e mobile que consegue centralizar a comunicação da sua empresa. Para usar, é só cadastrar e convidar integrantes das equipes, que podem ser organizados em grupos separados por setor, projeto e área. A versão gratuita não disponibiliza o armazenamento do histórico e dos arquivos compartilhados – apenas com a paga dá para fazer isso.

SURVEY MONKEY – www.surveymonkey.com

É possível enviar pesquisa e ouvir seus clientes, a fim de oferecer um produto ou serviço cada vez melhor.

SURVIO - https://www.survio.com/br/

Com o Survio, é possível fazer pesquisas, questionários, enquetes e formulários, o que pode ajudá-lo a medir, por exemplo, a satisfação da sua equipe. Além disso, ainda dá para formular avaliações de desempenho. O site tem duas versões, uma gratuita que é suficiente para empresas de pequeno e médio porte, e outra paga, que amplia a quantidade de pesquisas a serem realizadas por mês, a quantidade de e-mails enviados e a exportação das respostas, que chegam junto com relatórios sobre os resultados. O Survio possui mais de 100 modelos prontos de pesquisa e ainda dá espaço para a criação de edições personalizadas.

TRACKSALE – www.tracksale.com.br

É uma ferramenta de Gestão de Pesquisas de Satisfação de Clientes, feita para empresas do Brasil e da América Latina, que realiza pesquisas de pós-venda para medir a satisfação de consumidores para empresas usando o NPS - Net Promoter Score – de maneira simples e inovadora.

TRAKTO – www.trakto.io

É uma plataforma onde você pode criar, editar e organizar todo os seus documentos e material de marketing e negócios.

TRAMPOS - www.trampos.co

Encontre pessoas incríveis para a sua empresa. Potencializa carreiras desenvolvendo indivíduos com habilidades e conhecimentos contemporâneos na velocidade que o mercado exige.

TREASY - https://www.treasy.com.br/

Solução para gestão orçamentária, planejamento e controladoria de recursos.

TRELLO – www.trello.com

Bastante conhecida pelos usuários, o Trello é uma ferramenta de gerenciamento de tarefas. Gratuita, ela funciona como um quadro de listas que podem ser utilizadas e geridas individualmente ou por equipes. As tarefas inseridas no sistema são chamadas de cartões e podem ser organizadas de diversas maneiras. Ainda é possível adicionar responsáveis, fazer comentários e estabelecer prazos. Dependendo da versão, dá para acompanhar tudo isso em tempo real e em diferentes dispositivos.

ZENDESK – www.zendesk.com

É uma plataforma para o serviço de atendimento ao cliente hospedada na nuvem. A plataforma inclui recursos de ticket para Help Desk, acompanhamento de problemas e serviço de atendimento ao cliente.

CONCLUSÃO
O DIFERENCIAL PARA O SUCESSO

Após anos empreendendo, gerindo empresas e envolvidos no ecossistema de startups, temos convicção em dizer que não há fórmulas prontas, receitas de bolo, para empreender. Não é tão simples como parece. No entanto, existem técnicas, como as que mostramos neste livro, que podem ajudar o empreendedor a vencer os gargalos que levam ao fechamento das startups mundo afora e a prosperar.

Seguindo o que foi lido e estudado aqui, é possível gerir, produzir e vender melhor, uma verdadeira tríade para o sucesso. Decidir iniciar um empreendimento a partir da boa ideia que você teve lá atrás foi apenas o começo do caminho, mas não é o suficiente para que o negócio dê certo. Lembre-se: é a gestão, com todas as suas nuances, o diferencial entre o fracasso e a vitória.

Sabendo disso, é hora de colocar a mão na massa e tirar o aprendizado do papel. Sente-se com sua equipe e discuta como padronizar e melhorar seus processos, como aprimorar o fluxo do conhecimento em seu empreendimento, como implementar um bom design organizacional, e prepare-se ainda para mudar seu ambiente de trabalho.

Caso ainda não faça isso, dedique-se à sua contabilidade e aperfeiçoe seus controles internos, aposte em metodologias ágeis como a Lean e a Agile, teste seus produtos ou serviços, crie métricas e indicadores para ajudá-lo nesse caminho. Esteja aberto a ouvir, aprender e a buscar as ferramentas certas, todas tratadas nesses capítulos, para auxiliá-lo a administrar melhor.

Não esqueça: hoje o mercado está marcado por novos modelos de negócio, caracterizados pela agilidade e pela inovação. É a gestão ágil, que dá nome a este livro e da qual tanto falamos aqui, um caminho que preza pela flexibilidade, pelo engajamento e pela descentralização. E que, mais que isso, pode beneficiar muito as empresas diante de um mercado tão concorrido.

Se você ainda tinha dúvidas a respeito de como gerir seu negócio, esperamos que elas tenham sido dirimidas ao longo destas páginas e que, a partir de agora, seu foco esteja no lugar certo – e nos processos certos. E, se você não conhecia os benefícios de uma gestão ágil, esperamos que ela possa ter se mostrado útil para a realidade de sua organização.

E tenha em mente sempre: uma empresa de sucesso é a combinação de uma boa ideia, um gestor capacitado e uma gestão bem-feita. Com tudo isso em mãos, é só partir para o trabalho.

ESTE LIVRO FOI IMPRESSO EM
PELA GRÁFICA SANTA MARTA EM
EM PAPEL PÓLEN BOLD 70 G/M²
EM OUTUBRO DE 2019.